日本財政の
応用一般均衡分析

橋本恭之
Hashimoto Kyoji

清文社

日本財政の
応用一般均衡分析

橋本恭之
Hashimoto Kyoji

はしがき

　本書では、税制改革、地方交付税改革など日本財政の政策変更が経済にどのような影響を与えることになるかに関して、家計と企業、政府の相互依存関係を考慮した形でシミュレーション分析をおこなう。

　政策変更の経済的な影響については、1次的な影響に世間の関心は集中することになる。そのため、たとえば法人税の減税、消費税増税という税制改革のパッケージに対しては、企業優遇、消費者冷遇という批判が予想されることになる。しかし、法人税の減税は、株主の配当の増加に使われるなら株主の可処分所得を増加し、株式を保有している消費者の利益につながるし、投資にまわされるならば経済成長率を引き上げ、最終的には消費者の利益につながる可能性もある。

　家計と企業の相互依存関係を考慮した一般均衡分析の必要性はまさにこれらの2次的な影響をも考慮できるところにある。本書での分析ツールとしては、数量的な静学的一般均衡モデル及び世代重複型のライフサイクル一般均衡モデルを使用する。

　本書の目的は、これらのシミュレーション・モデルによる日本財政の政策評価とシミュレーション・モデルの解説の2つが挙げられる。近年わが国でも一般均衡モデルによるシミュレーションが盛んになってきているが、その多くはパッケージソフトを利用したものである。本書では、フォートラン・プログラムによるシミュレーションを採用している。フォートランによるシミュレーションは、より使用者の意図を反映したシミュレーションが可能であるが、プログラミングの知識が必要なために参入障壁が高いという問題がある。本書では、補章において、フォートラン・プログラミングの入門的な解説もおこなっている。さらに、筆者のホームページ「財政学の館」http://www2.ipcku.kansai-u.ac.jp/~hkyoji/index.htm では、本書でおこなったシミュレーション・プログラムの大部分を公表している。これらにより、シミュレーション分析への参入障壁を引き下げることも目的としたい。

　本書の全体的な構成は、2部9章からなっており、第1部では、静学的な応

用一般均衡モデルによるシミュレーション分析を扱っている。第2部では、動学的な応用一般均衡モデルとして、世代重複型の応用一般均衡モデルによるシミュレーション分析を扱っている。

　本書は、財団法人納税協会連合会が関西の若手研究者を支援し、税制に関する研究水準の向上に貢献するために刊行してきた『総合税制研究』で発表した論文を核として、関西大学経済論集、日本財政学会での報告論文も加えて、大幅に加筆修正したものである。『総合税制研究』は、残念ながら第12号をもって休刊となっているが、若手研究者に研究発表の場を提供してくれた財団法人納税協会連合会には、深く感謝したい。

　専門書の出版事情が厳しいなか、本書が出版の形をとることができたのは、財団法人納税協会連合会と清文社のサポートによるものである。この場を借りて感謝したい。また、本書の出版に際してお世話になった清文社の冨士尾栄一郎氏と後藤真子氏にも感謝したい。本書をまとめるにあたっては、筆者の学部ゼミの出身者であり、現在関西大学大学院の上地秀意氏に図表の作成の一部と校正を手伝って頂いた。

　本書をこのような形で出版することができたのは、多くの先生方のご指導とご助力のお陰である。大学院時代だけでなく、現在もなお、直接ご指導を頂いている大阪大学名誉教授、関西社会経済研究所所長の本間正明先生に深く感謝したい。本間先生以外にも学会報告や研究会を通じて多くの先生方にご指導を頂いてきたが、紙数の関係でお名前を挙げることができない非礼をお詫びしたい。

　本書の各章の基礎となった論文は以下の専門誌に発表したものである。第1、3、6章の共同執筆者である上村敏之関西学院大学准教授、第3章の共同執筆者である宮川敏治大阪経済大学准教授には、共著論文をこのような形で利用することについて快く了承して頂いた。また、第4章の執筆にあたっては呉善充関西社会経済研究所研究員との共同研究の成果の一部、第9章の執筆にあたっては、木村真北海道大学特任助教、北浦義朗関西社会経済研究所研究員との共同研究の成果の一部を利用させて頂いている。共同研究の利用を認めて頂いた各氏にも感謝したい。

第1章　橋本恭之・上村敏之「応用一般均衡分析の解説」『関西大学経済論集』第45巻第3号.

第2章　橋本恭之「雇用主負担の経済効果」『総合税制研究』No.12, 2004年.

第3章　上村敏之・宮川敏治・橋本恭之『法人税の一般均衡分析』日本財政学会, 1997年10月.

橋本恭之「法人税の応用一般均衡分析」『総合税制研究』No.7, 1999年.

第4章　橋本恭之「道路特定財源の一般財源化について」『総合税制研究』No.11, 2003年.

第5章　橋本恭之「地方交付税のシミュレーション分析」『総合税制研究』No.8, 2000年.

第6章　橋本恭之・上村敏之『地方財政の一般均衡分析』日本財政学会, 1998年10月17日.

第7章　橋本恭之『多部門世代重複モデルにおける租税政策の分析』日本財政学会, 1996年10月27日.

第8章　橋本恭之「世代重複モデルによる相続税のシミュレーション分析」『総合税制研究』No.9, 2001年.

第9章　橋本恭之「財政政策の有効性に関するシミュレーション分析」『関西大学経済論集』第54巻第3・4号合併号, 2004年.

2009年3月

橋　本　恭　之

目　次

はしがき

第１部　静学的応用一般均衡モデル

第１章　応用一般均衡モデルの基本構造 ……………3
　第１節　応用一般均衡モデルの基本構造 ……………3
　第２節　２財２要素２消費者の一般均衡モデル ……………8
　第３節　シミュレーション ……………12
　第４節　応用一般均衡分析の問題と展望 ……………13

第２章　雇用主負担の経済効果 ……………16
　第１節　はじめに ……………16
　第２節　租税帰着論における雇用税の帰着 ……………19
　第３節　数量的一般均衡モデルによるシミュレーション分析 ……………20
　第４節　雇用税の経済効果 ……………23
　第５節　むすび ……………27

第３章　法人税の応用一般均衡分析 ……………28
　第１節　はじめに ……………28
　第２節　分析の手法 ……………29
　第３節　法人税改革の影響 ……………40
　第４節　むすび ……………45

第 4 章　道路特定財源の一般財源化について……………………47
　第 1 節　道路整備の必要性と道路特定財源………………………………48
　第 2 節　数量的一般均衡モデルによる道路財源調達手段のシミュレーション分析……………………………………………………………53
　第 3 節　自動車関連税制の環境税化について……………………………64

第 5 章　地方交付税のシミュレーション分析……………………67
　第 1 節　はじめに……………………………………………………………67
　第 2 節　モデル………………………………………………………………69
　第 3 節　数値例によるシミュレーション…………………………………73
　第 4 節　むすび………………………………………………………………82

第 6 章　地方財政の一般均衡分析…………………………………84
　第 1 節　地方財政の一般均衡モデル………………………………………84
　第 2 節　データセットの作成とパラメータの設定………………………90
　第 3 節　シミュレーションと分析結果……………………………………96
　第 4 節　むすび…………………………………………………………… 102

第 2 部　世代重複型応用一般均衡モデル

第 7 章　多部門世代重複モデルによる租税政策の分析………… 107
　第 1 節　多部門世代重複型ライフサイクル一般均衡モデルの基本構造 107
　第 2 節　分析の結果……………………………………………………… 115
　第 3 節　むすび…………………………………………………………… 119

第 8 章　世代重複モデルによる相続税のシミュレーション分析 …… 121
- 第 1 節　高齢化社会における財源調達………………………………… 121
- 第 2 節　世代重複モデルの構築………………………………………… 122
- 第 3 節　分析結果………………………………………………………… 130
- 第 4 節　相続税改革の方向性について………………………………… 133

第 9 章　財政政策の有効性に関するシミュレーション分析……… 138
- 第 1 節　はじめに………………………………………………………… 138
- 第 2 節　シミュレーションモデルについて…………………………… 139
- 第 3 節　分析結果………………………………………………………… 143
- 第 4 節　むすび…………………………………………………………… 150

補章　フォートラン・プログラミング入門………………………… 153
- 第 1 節　フォートラン・プログラムの実行環境……………………… 153
- 第 2 節　フォートラン・プログラムの基礎…………………………… 154
- 第 3 節　インターネットの活用………………………………………… 170

カバー・表紙・扉デザイン　前田俊平

第 1 部

静学的応用一般均衡モデル

第1章　応用一般均衡モデルの基本構造

　近年、応用一般均衡分析（Applied General Equilibrium Analysis；AGE分析）と呼ばれる数量的一般均衡分析が数多くおこなわれるようになってきた。応用一般均衡分析は、税制改革や公的年金制度の改革などの様々な政府の改革の1次的な効果だけでなく、2次的な効果を定量的に把握できるという特徴を持つ。たとえば法人税の減税は、株主の配当の増加、企業の投資増大による経済成長を通じた賃金引き上げなど様々な経済効果を持つ。家計・企業・政府の複雑な相互依存関係のなかで、政府活動の経済効果を測定する際に役立つわけだ。

　AGEモデルの構築には様々な技術と知識が要求されるが、その中枢は一般均衡解を近似的に算出する不動点アルゴリズムにある。しかし、不動点アルゴリズムのコンピュータ・プログラミング法についてはこれまで詳細に解説されることは少なかった。AGE分析にかかせない不動点アルゴリズムのコンピュータ・プログラミングは、ブラック・ボックス化し、この分野における最大の参入障壁になっている。そこで本章では、AGEモデルの基本的構造を解説し、不動点アルゴリズムについて詳しく紹介することにする。本章で提示するモデルは、本書でおこなうAGEモデルでのシミュレーション分析の基礎をなす部分となっている。

第1節　応用一般均衡モデルの基本構造

　応用一般均衡分析の発展経緯は、財政学における租税帰着論の展開とともに溯ることができる。租税帰着論は、Harberger（1962）の論文において初めて

一般均衡の理論的構築がなされた。Harberger は、国際貿易理論において展開されていた2財2要素の一般均衡モデルを前提として、租税帰着論に初めて一般均衡理論を取り入れたのである。さらに、Harberger（1966）は、Marshall流の生産者余剰を利用して、アメリカ経済に関して法人所得税によって生じた資源配分のゆがみの効率費用を解析的に求めている。その後の租税帰着論の展開においては、基本的にはこの Harberger モデルを拡張あるいは修正する形で、主として定性的な命題を導出することに関心が寄せられてきた。

これに対して、Walras 一般均衡解を数量的に求める Scarf（1967）による不動点アルゴリズム（algorithm、解法手順）を利用して、Harberger（1966）が途を開いた租税帰着論の実証的な分析を進化させたものが Shoven and Whalley（1972）の論文である。これが AGE 分析の出発点となったのである。その応用一般均衡モデルの基本構造は、家計、企業、政府の各経済主体が存在する一般均衡モデルとそのモデルにおける均衡価格を求める不動点アルゴリズムから構成される。代表的な不動点アルゴリズムは Scarf によるものと、その改良版である Merrill（1972）のものがある。双方とも一般均衡価格を反復計算により求めるものである。この節では、Shoven and Whally（1992）が提示している Scarf アルゴリズム、Merrill を利用した2財2要素2消費者の簡単な一般均衡モデルを例にとって、その基本構造をあきらかにしたい。

(1) Scarf アルゴリズム

一般均衡理論では需要関数及び超過需要関数はゼロ次同次であるため、価格はその和が1となるように基準化できる。ここで3財の価格をそれぞれ P_1、P_2、P_3 とするならば

$$P_1 + P_2 + P_3 = 1$$

となり、財の価格ベクトルは図1-1のような基本単体上に存在することになる。

不動点アルゴリズムにおいて重要な概念は「三角形分割」である。それはある適当なグリッド・サイズ（grid size）を決め、図1-1にあるように基本単

```
          P₁
           │
      (1, 0, 0)

(0, 1, 0)        (0, 0, 1)
  ↙                    ↘
 P₂                     P₃
```

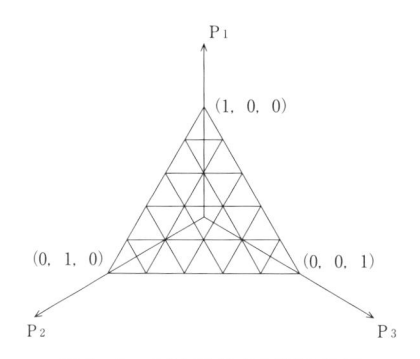

図1-1　基本単体の三角形分割

体の辺をグリッド・サイズ数で分割し、基本単体を小単体に分けることである。グリッド・サイズが与えられれば、全ての小単体の頂点の価格ベクトルが決定される。

　不動点アルゴリズムを理解するうえで、いまひとつの重要な概念は「ラベル付けルール」である。各小単体の頂点は次に示すルールに従ってラベル付けがなされることになる。

　「ラベル付けルール１」：基本単体の辺上にある各小単体の頂点は、最初にゼロとなる座標を示す整数をその頂点のラベルとする。

　「ラベル付けルール２」：基本単体内部の各小単体の頂点は、その価格ベクトルのもとでの超過需要を計算し、３つの超過需要がもっとも大きい財の番号がその頂点のラベルとなる。

　ある小単体から次の小単体へ移る手順は、このような「ラベル付けルール」と「入れ換えルール」を利用して行われる。ある頂点のラベルが新たに計算されたものであるとき、入れ換えられる頂点は、古い頂点のなかで新しい頂点と同一のラベルを持つものである。２次元基本単体上の各小単体の頂点は３×３の行列の列として示される。ここで、第 j 列が各小単体の第 j 頂点を意味する。その際の「入れ換えルール」は、以下のようになる。すなわち、入れ換えられるべき頂点がベクトル v^j とするとき、

$$v^{j-1}+v^{j+1}-v^j$$

で計算したベクトルを新たな頂点とすることになる。

　Scarf アルゴリズムは上記の「ラベル付けルール１、２」にしたがって各小単体を渡り歩き、完全なラベル付け（つまりその小単体の頂点が全て違うラベルを持つこと）がなされたときに停止する。このとき、一度通った小単体には再び戻ることがないという非巡回（no-cycling）が保証されている。Scarf アルゴリズムは常に基本単体の頂点の１つを含む小単体である「初期単体」からスタートする。仮にグリッド・サイズが小さく、近似度が悪い場合は、グリッド・サイズを大きくして再度アルゴリズムをスタートさせることになる[1]。

(2)　Merrill アルゴリズム

　Merrill アルゴリズムは Scarf アルゴリズムの改良版として登場した[2]。Scarf アルゴリズムは先述したように、必ず「初期単体」から出発することになる。しかし、実際には近似的均衡解が基本単体上の頂点を含む「初期単体」という極めて偏った価格体系となる可能性は低い。むしろ、基本単体の内部の小単体からスタートした方が近似的均衡解に素早く到達する可能性が高い。また、Scarf アルゴリズムでは、グリッド・サイズを途中で変更しないため、一旦小さなグリッド・サイズのもとで近似度が低い均衡価格を素早く計算し、その情報をもとにグリッド・サイズを変更して「再スタート」することにより、収束時間を早めることはできない。

　一方、Merrill アルゴリズムの特徴の１つは、初期単体以外からの出発と「再スタート」が可能なところにある。もし、グリッド・サイズを大きくする度に、前のグリッド・サイズでの完全にラベル付けされた均衡価格ベクトルから再スタートさせるならば、計算時間は大幅に短縮する。

　Merrill アルゴリズムのいまひとつの特徴は、次元を付加する「サンドイッ

---

1) Scarf アルゴリズムのプログラミングに関しては上村（1995）が詳しい。
2) Merrill アルゴリズムのさらに詳細な解説は、Shoven, J. B. and J. Whalley（1992）、市岡（1991）を参照されたい。

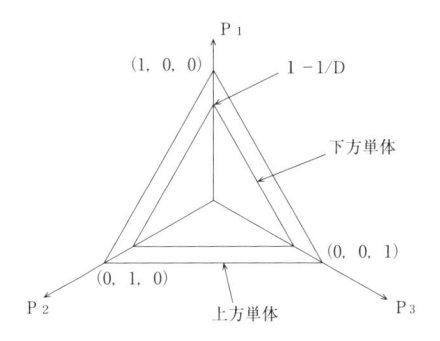

図1-2 メリル・アルゴリズムにおける上方単体と下方単体

チ法」を採用するところにある。これは3財経済のケースについて図1-2によって説明される。すなわち、図1-2にあるように基本単体を「上方単体」とし、「上方単体」を任意のグリッド・サイズ分の1だけ原点方向に移動した「下方単体」を人工的につくることになる。Merrillアルゴリズムにおける初期単体は、「上方単体」上の1つの頂点と「下方単体」上の3つの頂点から構成される任意のグリッド・サイズに対応した立方体となる。

これらの頂点の表すベクトルは、それぞれ以下の「ラベル付けルール」にしたがうことになる。

「ラベル付けルール3」：上方単体については超過需要を計算し、超過需要の最大の財番号がラベルになる。

「ラベル付けルール4」：下方単体については基本単体ベクトルの座標から、下方単体ベクトルの座標を財番号順に引き、最初に正となる財番号をラベルとする。

Merrillアルゴリズムの場合も、ある小単体から次の小単体へ移る手順は、「ラベル付けルール」と「入れ換えルール」を利用して行われる。「入れ換えルール」は基本的には、Scarfアルゴリズムと同じである。ただし、上方単体と下方単体にサンドイッチされた小立方体の各頂点が4×4の行列の列として示されることになる。すなわち、3財経済において初期単体は以下の行列で表記される。

$$\begin{bmatrix} 0 & 1 & 1 & 1 \\ v_1 & v_1-1 & v_1 & v_1 \\ v_2 & v_2 & v_2-1 & v_2 \\ v_3 & v_3 & v_3 & v_3-1 \end{bmatrix}$$

ここで、第1行目のゼロは、頂点が上方単体上にあることを、第1行目の1は頂点が下方単体上にあることを意味する。各列の第2から第4行目が各頂点の座標を示すことになる。この行列に対して上記の「入れ換えルール」が適用されることになる。

したがって、スタート時においては、上方単体上に1つの頂点と下方単体上に3つの頂点を持つ立方体から出発し、上記の「ラベル付けルール3、4」と「入れ換えルール」を繰り返し適用し、上方単体上に3頂点、下方単体上に1頂点を持つ立方体に到達するまで反復計算をおこなう。その際、上方単体上の3頂点が完全にラベル付けされたときに、上方単体上の3頂点が近似的均衡解となる。この近似的均衡解の近似精度を高めるために、Merrillアルゴリズムでは一旦求められた近似的均衡解をもとに、「再スタート」させることができる。すなわち、直前に求められた近似的均衡価格をもとに、グリッド・サイズを大きくして再び上述の反復計算をおこなうことになる。完全なラベル付けの条件と十分な近似精度が満たされたときにこのアルゴリズムは終了する。この方法によりScarfアルゴリズムに比べ、計算実行時間は大幅に短縮される。

第2節　2財2要素2消費者の一般均衡モデル

本節ではShoven and Whalley (1992)に従って、租税を含む2財2要素2消費者の一般均衡モデルの解説を試みよう。すなわち消費者は2人、商品は2財、2種類の生産要素（資本Kと労働L、資本価格rと労働価格w）からなる経済が想定されている。家計の効用関数及び企業の生産関数は、CES型に特定化される。ここで想定されている租税には以下のようなものがある。

商品にはそれぞれ異なる税率で課税する個別消費税が考慮されている。第j商品の生産者価格をp_j、消費者価格をq_j、個別消費税率をτ_jとすれば、消費

者価格は

$$q_j = p_j(1+\tau_j) \qquad (1\text{-}1)$$

となる。生産要素には、要素税として産業別に異なる雇用税（社会保険料の雇用主負担）τ_{lj}、資本税 τ_{kj} が課されるものとされる。要素税は要素価格に上乗せする形で課されるので、生産者の労働及び資本の税込価格は $w(1+\tau_{lj})$、$r(1+\tau_{kj})$ となる。労働所得と資本所得から構成される各消費者の所得には、線形の所得税が課税される。すなわち、限界税率を τ_y、課税最低限を F とすれば、第 m 消費者の所得税額 T_{ym} は

$$T_{ym} = \tau_y(w\overline{L_m} + r\overline{K_m} - F) \qquad (1\text{-}2)$$

である。ただし、L_m と K_m は消費者 m の労働と資本の初期保有量である。

これらの租税から得られる政府の総税収は、以下の式で示される。

$$R = \sum_{m=1}^{M}\sum_{j=1}^{N}\tau_j p_j x_{mj} + \sum_{j=1}^{N}\tau_{lj}wL_j + \sum_{j=1}^{N}\tau_{kj}rK_j + \sum_{m=1}^{M}\tau_y(w\overline{L_m}+r\overline{K_m}-F) \qquad (1\text{-}3)$$

さらに、このモデルでは予想税収にもとづいて消費者への移転支出がおこなわれるものと仮定されている。第 m 消費者の受け取る移転所得 T_m は予想税収 T とするとき

$$T_m = \gamma_m T \qquad \text{ただし} \quad \sum_{m=1}^{M}T_m = T, \sum_{m=1}^{M}\gamma_m = 1 \qquad (1\text{-}4)$$

が成立する。消費者の行動は、移転所得の水準にも影響を受けるため、政府の総税収が移転所得の関数となり、均衡以外では予想税収と政府の総税収は一致しないことになる。

生産 Q_j を産出する第 j 生産者に関しては、

$$Q_j = \Phi_j\left(\delta_j L_j^{\frac{(\sigma_j-1)}{\sigma_j}} + (1-\delta_j)K_j^{\frac{(\sigma_j-1)}{\sigma_j}}\right)^{\frac{\sigma_j}{(\sigma_j-1)}} \qquad (1\text{-}5)$$

のような CES 型の生産関数が想定されている。ここで、Φ_j は効率パラメータ、δ_j は分配パラメータ、σ_j は代替の弾力性を示すパラメータである。第 j 財の産出 1 単位当たりの費用最小化要素需要を求めると

$$\frac{L_j}{Q_j} = \frac{1}{\Phi_j}\left[\delta_j + (1-\delta_j)\left(\frac{\delta_j}{(1-\delta_j)} \cdot \frac{(1+\tau_{kj})r}{(1+\tau_{lj})w}\right)^{(1-\sigma_j)}\right]^{\frac{\sigma_j}{(1-\sigma_j)}} \quad (1-6)$$

$$\frac{K_j}{Q_j} = \frac{1}{\Phi_j}\left[\delta_j\left(\frac{(1-\delta_j)}{\delta} \cdot \frac{(1+\tau_{lj})w}{(1+\tau_{kg})r}\right)^{(1-\sigma_j)} + (1-\delta_j)\right]^{\frac{\sigma_j}{(1-\sigma_j)}} \quad (1-7)$$

となる。

これらを用いれば、利潤ゼロ条件により生産者財価格 p_j を要素価格の関数として表すことができる。

$$p_j = w(1+\tau_{lj})\frac{L_j}{Q_j} + r(1+\tau_{kj})\frac{K_j}{Q_j} \quad (1-8)$$

一方、第 m 消費者の効用最大化問題は、効用関数 U_m において、a_{im} を消費者 m の商品 i ($i=1,\cdots,N$) に対するシェア・パラメータ、μ_m を代替弾力性を示すパラメータとすれば

$$\max \quad U_m = \left(\sum_{m=1}^{M}(\alpha_{im})^{\frac{1}{\mu_m}}(x_{im})^{\frac{(\mu_m-1)}{\mu_m}}\right)^{\frac{\mu_m}{(\mu_m-1)}} \quad (1-9)$$

$$\text{s.t.} \quad \sum_{i=1}^{N} q_i x_{im} = w\overline{L_m} + r\overline{K_m} - T_{ym} + F \quad (1-10)$$

である。ただし x_{im} はそれぞれ消費者 m の商品 i の需要とする。この最大化問題より消費者 m の商品 i への需要関数は以下のように表される。

$$x_{im} = \frac{\alpha_{im}(w\overline{L_m} + r\overline{K_m} - T_{ym} + F)}{q_i^{\mu_m}\left(\sum_{i=1}^{M}\alpha_{im}q_i^{(1-\mu_m)}\right)} \quad (1-11)$$

総需要を満たすように各財は産出され

$$Q_i = \sum_{m=1}^{M} x_{im} \quad (1-12)$$

であることから、これを（1-6）、（1-7）式に代入することで要素派生需要が分かるので集計的超過要素需要関数 ρ_l、ρ_k は

$$\rho_l = \sum_{j=1}^{N} L_j - \sum_{m=1}^{M} \overline{L_m} \tag{1-13}$$

$$\rho_k = \sum_{j=1}^{N} K_j - \sum_{m=1}^{M} \overline{K_m} \tag{1-14}$$

により与えられる。また均衡以外では総税収と予想税収は一致しないという意味での超過税収を示す、超過税収関数 ρ_g が加わる。

$$\rho_g = R - T \tag{1-15}$$

周知の通り、Walras一般均衡モデルの均衡は全ての財と要素の超過需要がゼロか負となるところ及び、超過税収がゼロになるところで成立する財価格、要素価格、税収の組合せとして定義され、Walras法則は一般的に次式のように定義される。

　　財の超過需要総額 ＋ 要素の超過需要総額 ＋ 超過税収額 ＝ 0

しかしながら、（1-8）によって財価格は生産要素である労働と資本の価格に集約され、解空間の次元を生産要素の数と税収（つまり3次元）にまで縮小することができる。すなわち、Walras法則は、以下の如く簡略化できる。

$$w\rho_l + r\rho_k + \rho_g = 0 \tag{1-16}$$

需要関数と供給関数は要素価格と税収に関してゼロ次同次であるので、一般均衡価格は

$$w + r + T = 1$$

となるように価格を正規化したうえで、超過需要関数を全てゼロにするような w、r、T の組合せとして求められることになる。

第3節　シミュレーション

本節ではこれまでに述べてきた AGE の手法を用い、Shoven and Whalley（1992）に示された2財2要素2消費者の一般均衡モデルのシミュレーション結果を再現しよう。

表1-1は Shoven and Whalley（1992）のモデルにもとづき、2節における各パラメータの数値例をまとめたものである。ここでは彼らの計算結果を再現するため、同じ数値例を使用している。2財2要素2消費者一般均衡モデルにおける均衡価格は、表1-1の数値例を前節のモデルに適用することで求められる。我々が求めるべき解は2節に示されたモデルにおける超過需要を同時にゼロにするような価格ベクトル w、r、T の組合せである。この問題を解くには、2節で示した Merrill アルゴリズムをそのままの形で利用することができる。ただし、Merrill アルゴリズムにおいては、任意の価格ベクトルに対応した生産要素に関する超過需要と超過税収の情報を必要とする。所与の価格ベクトルに対応した各超過需要は、2節のモデルに数値例を適用すれば簡単に求めることができる。したがって、Merrill アルゴリズムから超過需要を求めるサブ・ルーチンとして2節のモデルを利用すれば、均衡価格が計算できる。

表1-1　Shoven and Whalley(1992) table3.1, 3.6 にもとづいた数値例

需要面	消費者 m は富裕階級 R と貧困階級 P とする（$m=R, P$） R の商品 i（$i=1, 2$）に対するシェア・パラメータ　$(\alpha_{1R}, \alpha_{2R})=(0.5, 0.5)$ P の商品 i（$i=1, 2$）に対するシェア・パラメータ　$(\alpha_{1P}, \alpha_{2P})=(0.3, 0.7)$ 各消費者の代替の弾力性　$(\mu_R, \mu_P)=(1.5, 0.75)$ 資本の初期保有量　$(K_R, K_P)=(25.0)$ 労働の初期保有量　$(L_R, L_P)=(0.60)$
生産面	産業 j（$j=1, 2$）に対する効率パラメータ　$(\Phi_1, \Phi_2)=(1.5, 2)$ 産業 j（$j=1, 2$）に対する分配パラメータ　$(\delta_1, \delta_2)=(0.6, 0.7)$ 各産業 j（$j=1, 2$）の代替の弾力性　$(\sigma_1, \sigma_2)=(2, 0.5)$
租税面	産業 j（$j=1, 2$）に対する雇用税　$\tau_{11}=\tau_{12}=0.3$ 商品 i（$i=1, 2$）に対する個別消費税　$\tau_1=0.2$　$\tau_2=0.1$ 移転支出の割合　$(\gamma_R, \gamma_P)=(0.4, 0.6)$

表1-2は、本章で解説したシミュレーション・モデルを実行して得られた均衡価格を示したものであり、それはShoven and Whalley（1992）の結果と一致している[3]。ただし、ここでは労働を価値尺度財$w=1$として全ての価格を計っている。

表1-2　表1-1の数値例を解いた結果

使用アルゴリズム	Merrill
初期グリッド・サイズ	30
均衡価格	労働価格 $w = 1$ 資本価格 $r = 1.805693$ 税収 $T = 34.71001$

第4節　応用一般均衡分析の問題と展望

本章では、代表的不動点アルゴリズムであるScarfとMerrillの方法を取り上げ、財政モデルに適用された応用一般均衡モデルについて解説してきた。なお、AGEに適用される近似的一般均衡解の算出方法はこれら以外にも、Newton法を用いたものがある。Newton法は微分によって非線形方程式体系を求め、線型近似を繰り返すことで近似均衡解を求める方法であり、不動点アルゴリズムを用いるよりも高速に均衡解が得られることが知られている。ただし、Merrillアルゴリズムで満たされている非巡回は保証されず、必ずしも収束する保証はない。

Scarfアルゴリズムから Merrillアルゴリズム以降の発展からもわかるように、応用一般均衡モデルの構築における関心事の1つは、コンピュータの計算時間をいかに短縮させるかにあった。というのは、Scarfアルゴリズムはグリッド・サイズを大きくし、近似度を高めれば高めるほどコンピュータの計算時間がかかることになるため、CPU（中央演算処理装置）が低速であった過去の時代においては計算コストの節約のため効率的なプログラムの開発が重大

3）本章で提示したモデルのフォートランプログラムは、橋本（1998）に掲載されている。

な問題だったのである。しかし、近年の技術進歩によって高速CPUが開発され、計算時間の問題は影を薄くした。

　AGE分析の展開は不動点アルゴリズムの改良とともに、もう一方でAGEモデルの一般化そして大型化に集約化され、一国経済全体を扱うようなモデルの開発が多く行われてきた。しかしながらこの方向での発展は経済全体を分析するには有効ではあるが、分析対象が特定される場合には、モデル自体が専門的ではないため、問題の所在や分析結果が明白でなくなる可能性がある。そこで、本書の以下の章では、分析対象とする税制をより現実なものに定式化したモデルや、国と地方の財政関係を規定する重要なファクターである地方交付税制度などを組み込んだAGEモデルを紹介することにしよう。さらに、本書の第2部では、多部門の応用一般均衡モデルを動学モデルに発展させたモデルについてもみていくことにする。

[参考文献]

Ballard, C.L., D. Fullerton, J.B. Shoven and J. Whalley (1985), *A General Equilibrium Model for Tax Policy Evaluation*, Chicago University of Chicago Press.

Harberger, A.C. (1962), The Incidence of the Corporation Income Tax, *Journal of Political Economy* 70, pp. 215-240.

Harberger, A. C. (1966), "Efficiency Effects of Taxes on Income from Capital" In Krzyzaniak, M. (ed.), *Effects of Corporation Income Tax, Symposium on Business Taxation*, Wlayne

State University Press.

橋本恭之・上村敏之 (1995)「応用一般均衡分析の解説」『経済論集 (関西大学)』第45巻第3号, pp. 227-243.

橋本恭之 (1998)『税制改革の応用一般均衡分析』関西大学出版部.

本間正明 (1984)『租税の経済理論』創文社.

市岡修 (1991)『応用一般均衡分析』有斐閣.

小平裕 (1991)「一般均衡モデルの構造と解法アルゴリズム」『経済研究 (成城大学)』第114号, pp. 116-98.

Kuga, K., H. Nagatani and S. Saito (1980), "Lecture Note on Fixed Point Theorems", unpublished paper.

Merrill, O.H. (1972), "*Applications and Extensions of an Algorithm that Computes Fixed*

Points of Certain Upper Semi-Continuous Point to Set Mappings", Ph. D. Disertation, University of Michigan.

Mieszkowski (1967), "On the Theory of Tax Incidence", *Journal of Political Economy*, 75, pp. 250-262.

Scarf, H.E. (1967), "On the Computation of Equilibrium Prices", *In Ten Economic Studies in the Tradition of Irving Fisher*, Newyork : Wiley, pp. 207-230.

Scarf, H.E. (with the collaboration of T.Hansen) (1973), *The Computation of Economic Equilibria*, Yale University Press.

Shoven, J.B. and J.Whalley (1972), "A General Equilibrium Calculation of the Effects of Differential Taxation of Income from Capital in the U.S.", *Journal of Public Economics* 1, pp. 281-321.

Shoven, J.B. and J.Whalley (1992), *Applying General Equilibrium*, Cambridge University Press. (小平裕訳 (1993)『応用一般均衡分析：理論と実際』東洋経済新報社).

上村敏之 (1995)「租税帰着の応用一般均衡分析」『経済学研究 (関西学院大学)』第26号, pp. 75-90.

第2章　雇用主負担の経済効果

　高齢化の進展の中で、社会保障財源の調達方法のあり方がいま問われている。現行制度のもとでの社会保障財源の多くは、社会保険料という形で徴収されている。社会保険料は、自営業者に対しては国民健康保険や国民年金における定額の負担という形で、サラリーマンに対しては、給与からの一定比率での天引きという形で賦課されている。さらに、サラリーマンの社会保険料の拠出の際には、本人負担分に加えて、雇用主負担（雇用税）という形の企業負担も存在する。この章では、社会保障財源のあり方に関する基礎的な研究として、雇用主負担の経済効果についてシミュレーション分析をおこなう[1]。

第1節　はじめに

　社会保険料システムは、社会保障負担の増大とともにほころびを見せ始めている。**表2-1**は、国民年金の市町村規模別保険料の納付率を示したものである[2]。この数字が100%を切っていることは、何らかの理由で国民年金の保険料が納付されていないことを示している。全国の納付率は、1986年に82.5%であったものが2004年には63.6%と大きく低下してきたことがわかる。とりわけ特別区指定都市にみられるように、大都市ほど納付率が低下していることが読み取れる。またかつては、90%を超える検認率を確保していた町村ですら2004年には70.0%まで低下してきているのである。

1）本章で使用したフォートランプログラムは、橋本（2004）に掲載されている。
2）正確には、検認率は被保険者が保険料を納付すべき月数に対して保険料を納付した月数の比率である。

第2章 雇用主負担の経済効果

表2-1 国民年金市町村規模別納付率

(単位:％)

年	全国	特別区指定都市	人口20万以上の市	その他の市	町村	政令指定都市	東京23区
1986	82.5	76.8	76.9	82.2	89.9	—	—
1987	83.7	77.7	78.6	83.9	91.9	—	—
1988	84.3	78.6	79.5	84.5	91.5	—	—
1989	84.7	79.3	84.7	81.9	91.9	—	—
1990	85.2	79.9	80.6	85.4	92.2	—	—
1991	85.7	80.4	81.3	86.2	93.0	—	—
1992	85.7	80.0	81.7	86.4	93.2	—	—
1993	85.5	79.6	81.5	86.3	93.3	—	—
1994	85.3	79.2	81.4	86.3	93.2	—	—
1995	84.5	78.4	81.1	85.4	92.6	—	—
1996	82.9	77.0	79.2	83.7	91.6	—	—
1997	79.6	72.8	75.9	80.3	89.4	—	—
1998	76.6	69.0	72.8	77.4	87.5	—	—
1999	74.5	65.8	70.6	75.6	86.3	—	—
2000	73.0	63.8	69.7	74.5	84.4	—	—
2001	70.9	62.3	67.6	70.6	81.6	—	—
2002	62.8	—	—	62.3	70.9	57.2	56.3
2003	63.4	—	—	63.8	70.2	58.7	57.1
2004	63.6	—	—	64.0	70.0	59.2	57.4

備考)2002年以降は、「人口20万以上の市」は「その他の市」に含まれている。
出所:『保険と年金の動向』財団法人厚生統計協会各年版より作成。

　一方、国民健康保険の収納割合は、1994年が94.28％、1999年が92.51％と国民年金よりも高い収納率を確保している。この国民年金と国民健康保険の納付率の違いをもたらしている理由の1つには、多くの市町村において国民健康保険の保険料が「国民保険税」として徴収されていることが挙げられよう。地方税法の規定により各市町村は、国民年金の保険料の代わりに、国民保険税を徴収することを選択できる。この「国民保険税」は、保険料と負担水準や徴収方法が異なるわけではないものの、税という言葉の持つ心理的な効果を期待して、多くの町村で採用されているのが現状である。
　今後、高齢化の進展とともに、社会保険料率が引き上げられていくにした

がって、現行の社会保険料システムを維持していった場合、保険料の納付率はさらに低下することが予想される。いままさに、社会保障財源のあり方についての抜本的な改革が必要とされているのである。

現行の社会保障の財源調達システムの問題点としては、第1に制度間で異なる徴収システムを採用していることで不公平感を発生させていること、第2にサラリーマンを対象とする社会保険料徴収システムが所得課税方式で運営されているために、現役世代に重い負担を課していること、第3に、雇用主負担の存在が企業経営の足かせとなる可能性があることなどが挙げられる。

第1の問題点は、サラリーマンを対象とする厚生年金制度においては所得を基準として、比例的な保険料率が賦課されているのに対して、自営業者等を対象とする国民年金では定額負担となっているところにある。またサラリーマンと自営業者を対象とする社会保険制度においては、国庫負担の比率が異なっている。介護保険においても、サラリーマンの保険料には雇用主負担という企業負担の部分があることを理由として、自営業者に対する保険料には国庫負担が認められている。

第2の問題点は、保険料という名称であったとしても、経済学的な効果としては、所得への比例税として、現行の保険料が機能しているところにある。とくに近年の所得税における課税最低限の引き上げのなかで、比例的な所得課税としての社会保険料の重税感が高まってきている。

第3の問題点は、雇用主負担の存在が見かけ上の社会保険料負担を軽くすることや、雇用主負担の最終的な帰着先があいまいにされているところにある。一般のサラリーマンにとっては、雇用主負担はあくまでも企業の負担部分であると捉えられているが、経済学者の多くは雇用主負担部分は最終的には全て個人に帰着すると考えている。雇用主負担が最終的に誰に帰着することになるかは、社会保障財源のあり方を考えるうえで重要な問題である。しかし、これまでの社会保障財源のあり方についての議論においてはほとんど無視されてきたというのが実情である。

本章では、これらの問題点を解消するためにはいかなる社会保障の財源調達方式をとるべきかについての基礎的な研究をおこなうことにしたい。すなわち、

これまであいまいにされてきた雇用主負担の帰着の問題に興味を集中させることとする。雇用主負担の帰着については、実は古くから租税帰着の理論分析において雇用税の帰着として検討されてきた。以下ではまず、伝統的な租税帰着の理論分析において雇用税の最終的な帰着がどのようになると考えられているかについて説明しよう。

第2節　租税帰着論における雇用税の帰着

　この節では、静学的租税帰着の理論モデルにおける雇用税の帰着についての結論を紹介しよう。雇用税の帰着についての命題を導出した研究としては、本間（1982）、池田（1997）などが存在する。本間（1982）は、雇用税の帰着に関して2財2要素の静学的租税帰着モデルにもとづいて

　「一般雇用税は、その税率の上昇を丁度相殺するように賃金・利潤比率を下
　　落させ、労働に対して全税負担をかける。」

という命題を導出している[3]。なお、そのモデルでは、産業間での資本移動の完全性を仮定し、政府と代表的な家計の生産物需要に対する選好は同一、家計は相似拡大的な効用関数を持つという仮定がおかれている。

　このような命題が意味するところを直感的に説明しておこう。企業が利潤最大化行動を採っていると考えると、企業は雇用税込みの賃金率が労働の限界生産物価値に等しくなるように労働を投入しているものと考えられる。そのような状況のもとでは、すでに税込みの賃金率のもとで最適な労働量を確保しているわけである。仮にこのような状況で雇用税が引き上げられた場合には、賃金率を引き下げることで、最適な労働量を維持しようと行動すると考えられるわけである。一方、労働者の立場としては、政府による雇用税の引き上げにより、税込みの賃金率が高くなると、企業の労働需要が減少し、労働市場が超過供給になるため、賃金率の低下を認めざるをえない状況に追い込まれるというわけである。本間の命題によると、この雇用税の引き上げは、ちょうど同じだけの

---

[3] 本間（1982）p. 38引用。

賃金率の低下という形で労働者に全負担をかけるということになる。

しかし、この命題は2財2要素の簡単なモデルで導かれたものであり、家計に関しては代表的家計という制約が置かれている。つまり、これらの仮定をゆるめれば雇用税の帰着についても別の結論が得られる可能性があることになる。そこで以下では、代表的家計の仮定をはずして、複数家計の存在を考慮したうえで租税帰着の問題を考えてみよう。

第3節　数量的一般均衡モデルによるシミュレーション分析

本章では、Shoven and Whalley（1992）にしたがって、雇用税を含む2財2要素2消費者の一般均衡モデルを構築しよう。すなわち消費者は2人、商品は2財、2種類の生産要素（資本Kと労働L、資本価格rと労働価格w）からなる経済を想定する。家計の効用関数及び企業の生産関数は、CES型に特定化する。

本章では、雇用税以外にも消費税、所得税、資本所得税などをモデルのなかに組み込んでいる。まず、商品にはそれぞれ異なる税率で課税する商品税が考慮されている。第j商品の生産者価格をp_j、消費者価格をq_j、個別消費税率をτ_jとすれば、消費者価格は

$$q_j = p_j(1+\tau_j) \qquad (2-1)$$

となる。

生産要素には、要素税として雇用税t_{l2}、資本税τ_{kj}が課されるものとされる。モデル上の雇用税t_{l2}が社会保険料の雇用主負担に該当する部分である。要素税は要素価格に上乗せする形で課されるので、生産者の労働及び資本の税込価格は$w(1+t_{l2})$、$r(1+\tau_{kj})$となる。労働所得と資本所得から構成される各消費者の所得には、線形の所得税と社会保険料t_{l1}が付加される。限界税率をτ_y、課税最低限をFとすれば、第m消費者の所得税と社会保険料の合計額T_{ym}は

$$T_{ym} = \tau_y(w\overline{L_m} + r\overline{K_m} - F) + \tau_{l_1}w\overline{L_m} \quad (2\text{-}2)$$

である。ただし、L_m と K_m は消費者 m の労働と資本の初期保有量である。

これらの租税・保険料から得られる政府の総歳入は、以下の式で示される。

$$R = \sum_{m=1}^{M}\sum_{j=1}^{N}\tau_j p_j x_{mj} + \sum_{j=1}^{N}\tau_{l_2}wL_j + \sum_{j=1}^{N}\tau_{kj}rK_j + \sum_{m=1}^{M}\tau_y(w\overline{L_m} + r\overline{K_m} - F) + \tau_{l_1}w\overline{L}_m \quad (2\text{-}3)$$

さらに、このモデルでは予想税収にもとづいて消費者への移転支出がおこなわれるものと仮定されている。第 m 消費者の受け取る移転所得 T_m は予想税収 T とするとき

$$T_m = \gamma_m T \quad \text{ただし} \quad \sum_{m=1}^{M} T_m = T, \sum_{m=1}^{M} \gamma_m = 1 \quad (2\text{-}4)$$

が成立する。消費者の行動は、移転所得の水準にも影響を受けるため、政府の総税収が移転所得の関数となり、均衡以外では予想税収と政府の総税収は一致しないことになる。

生産 Q_j を産出する第 j 生産者に関しては、

$$Q_j = \Phi_j \Big(\delta_j L_j^{\frac{(\sigma_j-1)}{\sigma_j}} + (1-\delta_j)K_j^{\frac{(\sigma_j-1)}{\sigma_j}}\Big)^{\frac{\sigma_j}{(\sigma_j-1)}} \quad (2\text{-}5)$$

のような CES 型の生産関数を想定する。ここで、Φ_j は効率パラメータ、δ_j は分配パラメータ、σ_j は代替の弾力性を示すパラメータである。第 j 財の産出１単位当たりの費用最小化要素需要を求めると

$$\frac{L_j}{Q_j} = \frac{1}{\Phi_j}\Big[\delta_j + (1-\delta_j)\Big(\frac{\delta_j}{(1-\delta_j)} \cdot \frac{(1+\tau_{kj})r}{(1+\tau_{l_2})w}\Big)^{(1-\sigma_j)}\Big]^{\frac{\sigma_j}{(1-\sigma_j)}} \quad (2\text{-}6)$$

$$\frac{K_j}{Q_j} = \frac{1}{\Phi_j}\Big[\delta_j\Big(\frac{(1-\delta_j)}{\delta_j} \cdot \frac{(1+\tau_{l_2})w}{(1+\tau_{kj})r}\Big)^{(1-\sigma_j)} + (1-\delta_j)\Big]^{\frac{\sigma_j}{(1-\sigma_j)}} \quad (2\text{-}7)$$

となる。

これらを用いれば、利潤ゼロ条件により生産者財価格 p_j を要素価格の関数と

して表すことができる。

$$p_j = w(1+\tau_{lj})\frac{L_j}{Q_j} + r(1+\tau_{kj})\frac{K_j}{Q_j} \qquad (2\text{-}8)$$

一方、第 m 消費者の効用最大化問題は、効用関数 U_m において、α_{im} を消費者 m の商品 i ($i=1,\cdots,N$) に対するシェア・パラメータ、μ_m を代替弾力性を示すパラメータとすれば

$$\max \quad U_m = \left(\sum_{m=1}^{M} (\alpha_{im})^{\frac{1}{\mu_m}} (x_{im})^{\frac{(\mu_m-1)}{\mu_m}} \right)^{\frac{\mu_m}{(\mu_m-1)}} \qquad (2\text{-}9)$$

$$\text{s.t.} \quad \sum_{i=1}^{N} q_i x_{im} = w\overline{L_m} + r\overline{K_m} - T_{ym} + F \qquad (2\text{-}10)$$

である。ただし x_{im} はそれぞれ消費者 m の商品 i の需要とする。この最大化問題より消費者 m の商品 i への需要関数は以下のように表される。

$$x_{im} = \frac{\alpha_{im}(w\overline{L_m} + r\overline{K_m} - T_{ym} + F)}{q_i^{\mu_m}(\sum_{i=1}^{M} \alpha_{im} q_i^{(1-\mu_m)})} \qquad (2\text{-}11)$$

総需要を満たすように各財は産出され

$$Q_i = \sum_{m=1}^{M} x_{im} \qquad (2\text{-}12)$$

であることから、これを（2-6）式、（2-7）式に代入することで要素派生需要がわかるので集計的超過要素需要関数 ρ_l、ρ_k は

$$\rho_l = \sum_{j=1}^{N} L_j - \sum_{m=1}^{M} \overline{L_m} \qquad (2\text{-}13)$$

$$\rho_k = \sum_{j=1}^{N} K_j - \sum_{m=1}^{M} \overline{K_m} \qquad (2\text{-}14)$$

により与えられる。また均衡以外では総税収と予想税収は一致しないという意味での超過税収を示す、超過税収関数 ρ_g が加わる。

$$\rho_g = R - T \qquad (2\text{-}15)$$

周知の通り、Walras 一般均衡モデルの均衡は全ての財と要素の超過需要がゼロか負となるところ及び、超過税収がゼロになるところで成立する財価格、要素価格、税収の組合せとして定義され、Walras 法則は一般的に次式のように定義される。

財の超過需要総額 ＋ 要素の超過需要総額 ＋ 超過税収額 ＝0

しかしながら、(2-8) 式によって財価格は生産要素である労働と資本の価格に集約され、解空間の次元を生産要素の数と税収（つまり3次元）にまで縮小することができる。すなわち、Walras 法則は、以下の如く簡略化できる。

$$w\rho_l + r\rho_k + \rho_g = 0 \qquad (2\text{-}16)$$

需要関数と供給関数は要素価格と税収に関してゼロ次同次であるので、一般均衡価格は

$$w + r + T = 1 \qquad (2\text{-}17)$$

となるように価格を正規化したうえで、超過需要関数を全てゼロにするような w、r、T の組合せとして求められることになる。

第4節　雇用税の経済効果

　本章ではこのようなシミュレーション・モデルに対して基準ケースにおいて**表2-2**のような各種パラメータの設定値を使用した。まず、需要面では、富裕階級と貧困階級に属する2人の家計を想定した。これは資本と労働の初期保有量において富裕階級に属する家計は、資本のみを保有し、貧困階級に属する家計は労働のみを保有するという数値例をあてはめることで考慮されている。つまり、配当などの資本所得のみで生活している人と賃金のみで生活しているサラリーマンを想定していることになる。雇用税は、企業の労働サービスの需

表2-2 基準ケースにおける各種パラメータの設定値

需要面	消費者 m は資本家 R と労働者階級 P とする（$m = R, P$） P の商品 i（$i=1, 2$）に対するシェア・パラメータ（α_{1R}, α_{2R}）=(0.5, 0.5) R の商品 i（$i=1, 2$）に対するシェア・パラメータ（α_{1P}, α_{2P}）=(0.3, 0.7) 各消費者の代替の弾力性（μ_R, μ_P）=(1.5, 0.75) 資本の初期保有量（K_R, K_P）=(25.0) 労働の初期保有量（L_R, L_P）=(0.60)
生産面	産業 j（$j=1, 2$）に対する効率パラメータ（Φ_1, Φ_2）=(1.5, 2) 産業 j（$j=1, 2$）に対する分配パラメータ（δ_1, δ_2）=(0.6, 0.7) 各産業 j（$j=1, 2$）の代替の弾力性（σ_1, σ_2）=(2, 0.5)
租税面	社会保険料率　　　　　　　　　　　　　Z_{f1}=0.1 雇用税税率（社会保険料雇用主負担）　Z_{f2}=0.1 商品 i（$i=1, 2$）に対する個別消費税　τ_1=0.2　τ_2=0.1 所得税　限界税率 τ_y=0.2　課税最低限 $F=10$ 移転支出の割合　（γ_R, γ_P）=(0.4, 0.6)

表2-3 雇用税の税率引き上げと相対価格の変化

	w/r
雇用税10%	0.78252
雇用税10.1%	0.77559
変化率	−0.886%

要への課税であるために、サラリーマン家計により直接的な影響を与えると考えられるわけである。生産面では、各産業においての生産関数のパラメータに異なる値を設定した。租税面では、基準ケースにおいては社会保険料率、雇用税の税率とも同じく10%であると想定した。また、政府の税収は、一定の配分比率で富裕階級と貧困階級に社会保障給付として配分されるが、この比率は貧困階級が0.6と相対的に高く配分されている。

　表2-3は、基準時点で雇用税の税率が10%だったものを10.1%に変更した場合の労働と資本の相対価格 w/r の変化をみたものである。税率を10%から10.1%に引き上げることは、税率を1%引き上げたことになる。この雇用税の税率引き上げは相対価格 w/r を低下させるもののその変化率は、−0.886%となっている。つまり、雇用税の負担増加は賃金率の下落を生じるがその下落割

合は1％を下回ることになる。

　雇用税の引き上げが賃金率の下落を招くメカニズムを探るために、生産者価格の変化、単位当たり要素需要関数の変化をまとめたものが**表2-4**である。（2-6）式の生産1単位当たりの労働の要素需要関数をみるとわかるように、雇用税の引き上げは（2-6）式の生産1単位当たりの労働需要を引き下げることになる。これは労働市場における超過供給をもたらすことにつながる。したがって労働市場の均衡を回復させるために、賃金率 w が低下することになる。また（2-7）式にも雇用税の引き上げは影響をもたらし、生産1単位当たりの資本需要を上昇させることになる。これは資本市場の超過需要を引き起こし、資本市場を回復させるために相対的に資本価格の上昇と労働価格の減少をもたらす。一方、（2-8）式をみるとわかるように、資本価格 r の相対的な上昇、雇用税の引き上げは生産物価格に引き上げ効果を持ち、賃金率 w の相対的低下は生産物価格の引き下げを持つ。**表2-4**では、賃金率 w の低下の効果よりも雇用税引き上げと資本価格上昇の効果の方が大きく、生産物価格が第1財について0.012％、第2財について0.009％上昇させることがわかる。生産者価格の上昇は消費需要の減少効果を持つ。その一方で、資本価格の上昇は富裕階級の家計の所得を上昇させ、消費需要の増大効果を持つ。

表2-4　雇用税引き上げによる要素需要への影響

		第1財	第2財
基準ケース	生産者価格	1.209	0.947
	総需要＝総供給	23.834	55.795
	L/Q	1.065	0.621
	K/Q	0.243	0.344
雇用税1％引き上げ	生産者価格	1.209	0.947
	総需要＝総供給	23.845	55.781
	L/Q	1.065	0.621
	K/Q	0.244	0.344
変化率	生産者価格	0.012％	0.009％
	総需要＝総供給	0.047％	－0.026％
	L/Q	－0.007％	－0.003％
	K/Q	0.023％	0.004％

次に、**表2-5**は、雇用税引き上げによる第1、第2消費者の可処分所得の変化をみたものである。資本家である第1消費者の可処分所得は、0.332％増加し、労働者である第2消費者の可処分所得は-0.196％だけ減少している。第1消費者の可処分所得が増加しているのは、雇用税引き上げによる税収の増加が、社会保障給付の増加をもたらしたためである。第2消費者の可処分所得の減少は、雇用税引き上げにより、賃金率が低下し、労働所得が減少するためである。第2消費者に対する社会保障給付も増加するものの、賃金率の低下を補うことはできない。つまり、雇用税の増税は、労働者から資本家への所得移転をもたらすことにつながる。

表2-5　可処分所得の変化

基準ケース	第1消費者	36.33
	第2消費者	56.36
雇用税1％引き上げ	第1消費者	36.45
	第2消費者	56.25
変化率	第1消費者	0.332％
	第2消費者	-0.196％

最後に、雇用税の1％の引き上げが消費財需要にもたらす影響をまとめたものが**表2-6**である。第1消費者の消費財需要は第1財、第2財ともに増加し、第2消費者の消費財需要は第1財、第2財ともに減少する。これは、**表2-5**でみたように第1消費者の可処分所得が増加し、第2消費者の可処分所得が減少するためである。

表2-6　消費財需要の変化

		第1財	第2財
基準ケース	第1消費者	11.490	18.877
	第2消費者	12.344	36.918
雇用税1％引き上げ	第1消費者	11.527	18.939
	第2消費者	12.318	36.842
変化率	第1消費者	0.319％	0.324％
	第2消費者	-0.207％	-0.204％

第5節　むすび

　本章では、社会保障財源のあり方に関する基礎的な研究として、雇用税の経済効果についてシミュレーション分析をおこなってきた。シミュレーション分析の結果、伝統的な租税帰着の理論分析で得られる雇用税の負担は全て労働者に帰着するという命題は、複数家計の存在を想定すると成立しないことがわかった。雇用税の引き上げによる経済効果は、各家計の労働所得、資本所得の分布に依存することになる。また、租税、社会保障制度をも考慮した一般均衡モデルにおいては、雇用税の引き上げが労働階級から資本階級への所得移転を引き起こす可能性があることも指摘できた。

　ただし、本章のモデルは仮想的な数値例のもとでシミュレーション分析をおこなったものにすぎない。また、本章のモデルは２財２消費者の単純な一般均衡モデルであり、労働供給が内生化されていないなどの課題を抱えている。社会保障財源として、どのような財源調達手段が望ましいかを比較検討するためには、より現実的な一般均衡モデルによるシミュレーション分析が必要とされる。これらの課題については筆者自身の今後の課題としたい。

[参考文献]

Ballard, C.L., D.Fullerton, J.B.Shoven and J.Whalley (1985), *A General Equilibrium Model for Tax Policy Evaluation*, Chicago University of Chicago Press.
市岡修 (1991)『応用一般均衡分析』有斐閣.
橋本恭之 (1998)『税制改革の応用一般均衡分析』関西大学出版部.
橋本恭之 (2001)『税制改革シミュレーション入門』税務経理協会.
橋本恭之 (2004)「雇用主負担の経済効果」『総合税制研究』No.12, pp.1-19.
本間正明 (1982)『租税の経済理論』創文社, 1982年.
池田尚司 (1997)『現代の租税帰着理論』学会センター関西.
Shoven, J.B. and J.Whalley (1992), *Applying General Equilibrium*, Cambridge University Press,（小平裕訳 (1993)『応用一般均衡分析：理論と実際』東洋経済新報社).

第3章　法人税の応用一般均衡分析

　法人税は、性格が非常にあいまいな税であると言われている。財務省は、法人税を直接税に分類している。直接税の正確な定義は、納税義務者と税負担者が一致することである。しかし、法人税の負担が消費者価格に転嫁される可能性については、従来から指摘されてきたところである。仮に、法人税の引き上げが商品価格の上昇を通じて消費者に転嫁されるならば、経済学的には法人税は間接税に分類すべきだとも言える。政府の税制調査会もかつては、法人税が消費者価格に転嫁される可能性を指摘していた[1]。理論的には、法人税の引き上げは、1）消費者価格の上昇、2）株主の配当の減少、3）留保利潤の減少がもたらす株主のキャピタルゲインの減少、4）経営者の報酬の減少、5）従業員の給与の減少などのいずれかの形で、最終的には個人に帰着することになる。この章では、応用一般均衡モデルを用いることで、法人税の負担がどのような形で個人の負担に帰着するのかを検証する。

第1節　はじめに

　最近の法人税の改革についての議論は、退職給与引当金、貸倒引当金の存廃や減価償却における定率法と定額法の採用に関するものなど、会計的な問題に

---

[1] 税制調査会は、昭和39年12月12日に提出された長期答申『今後におけるわが国の社会、経済の進展に即応する基本的な租税制度のあり方』をとりまとめるにあたって、当時専門委員であった木下、古田の2人の財政学者に法人税の転嫁についての研究を委託し、木下専門委員の実態調査、古田の法人税転嫁に関する実証分析をふまえて、転嫁がおこなわれている可能性は認められるものの、確定的な結論は得られなかったとした。

集中しており、法人税改革が引き起こす経済的な効果についてはほとんど議論されていない。そこで、本章では課税ベースを拡大し、法人税率を引き下げるという法人税改革の基本的な方向が、企業の税負担構造、生産の効率性、さらに市場の価格体系の変化を通じて家計へ、いかなる影響をもたらすことになるのかを明らかにしたい。このような法人税の影響を考慮した分析には、応用一般均衡モデルを利用した手法が最適であろう。本章では、法人税だけでなく、所得税、消費税などのわが国の税制をできるだけ忠実に再現した静学的な応用一般均衡モデルを構築し、法人税改革のシミュレーション分析を行うことにした[2]。ただし、法人税改革がもたらす長期的な影響については、静学的な応用一般均衡モデルで扱うことはできないため、以下では法人税改革の短期的な効果に議論を限定する。

第2節　分析の手法

　本節では具体的に応用一般均衡モデルを提示しよう。通常の一般均衡モデルを用いたシミュレーション分析では、企業の生産関数に一次同次関数を想定する。この定式化によれば、企業が生産する財の供給水準は一義的に定まらず、財の需要水準に依存することになる。すなわち、財市場は利潤ゼロ条件によって需要が規定することになり、財市場の均衡条件を背後に隠すことが可能となる。したがって、生産要素市場が均衡すれば一般均衡が成立することになるので、たとえば労働と資本のみを生産要素として用いるならば、2つの市場が均衡すればよいことになる。

　一方、本章の目的は法人税改革の分析にあるから、法人税が制度的に組み込まれたモデルを展開する必要がある。そこで、本章では企業の生産関数に収穫逓減型関数を想定し、企業の利潤を明示的に取り扱う。利潤を法人所得として捉えることで、そこから得られる課税ベースに法人税を課税する形でモデル化することを試みる。この定式化にしたがうと、利潤ゼロ条件を用いないために

2）本章は、1997年の日本財政学会本大会における上村・宮川・橋本（1997）論文の計算結果を筆者の責任でまとめたものである。

企業が生産する財の供給関数を定式化することが可能となる。

ところが、この方法によると生産要素市場のみならず、財市場も同時に均衡させなければならない。本章のモデルにおける経済主体の数は、家計が10（=M）世帯、企業が10（=J=I）個であり、消費財の数は10（=N）個である。財市場は10個であり、生産要素としては労働と資本があるので、合計12個の市場を考慮することになる。したがって、同時に12個の市場が均衡する一般均衡価格を求めることになる。

(1) 家計ブロック

それでは具体的にモデルの構造を説明しよう。本章のモデルは、大別すると家計ブロック、企業ブロック、政府ブロックに分類できる。まず、家計ブロックの構造から説明しよう。

経済には2期間生存する家計 m（$m=1,\cdots,M$）が存在する。家計の効用関数は separability を仮定し、以下のような nested CES utility function を想定する。

$$U = \left[(1-\beta)H^{-\mu} + \beta(\overline{L}-L_S)^{-\mu}\right]^{\frac{-1}{\mu}} \tag{3-1}$$

$$H = \left[\alpha C_P^{-\xi} + (1-\alpha)C_F^{-\xi}\right]^{\frac{-1}{\xi}} \tag{3-2}$$

$$C_F = \prod_{n=1}^{N} X_{Fn}^{\lambda_n} \tag{3-3}$$

ここで U は合成消費 H と労働供給 L_S を選択する効用関数、H は現在消費と将来消費を選択する合成消費、C_P は現在の個別消費財需要 X_{Pn}（$n=1,\cdots,N$）から構成される現在消費であり、C_F は将来の個別消費財需要 X_{Fn} から構成される将来消費である。さらに $\overline{L}$ は家計の労働保有量、$\varepsilon=1/(1+\mu)$ は H と余暇消費（$\overline{L}-L_S$）の代替の弾力性、$\sigma=1/(1+\xi)$ は C_P と C_F の代替の弾力性、α 及び β、λ_n はウェイト・パラメータである。また、各家計の添字 m は、煩雑化を防ぐため省略している。

家計の予算は労働所得 wL_S、利子所得 rK 及び配当所得 κd から構成され

る[3]。ただし、企業が家計に支払う配当は集計され配当 d となり、家計の持ち株比率 κ ($\Sigma_m \kappa = 1$) により配当所得 κd として家計の予算制約を構成すると想定している。また、労働所得には税率 τ_I と税額控除 D から構成される労働所得税、利子所得と配当所得には税率 τ_K の利子・配当所得税がそれぞれ課税されるとする[4]。

$$q_H H = q_P C_P + q_F C_F = w L_s - (\tau_I w L_s - D) + r\overline{K} - \tau_K r\overline{K} + \kappa d - \tau_K \kappa d$$
$$= (1-\tau_I) w L_s + D + (1-\tau_K)(r\overline{K} + \kappa d) \qquad (3\text{-}4)$$

ここで q_H は合成消費 H の価格、q_P は現在消費 C_P の価格、q_F は将来消費 C_F の価格である[5]。

以上の効用最大化問題を解くことで、以下の労働供給関数 L_S、現在消費 C_P 及び将来消費 C_F の需要関数、現在 X_{Pn} 及び将来 X_{Fn} における個別消費財の需要関数が得られる。

$$L_s = \frac{k\overline{L}\{(1-\tau_I)w\}^\varepsilon q_H^{(1-\varepsilon)} - D - (1-\tau_K)(r\overline{K} + \kappa d)}{(1-\tau_I)w + k\{(1-\tau_I)w\}^\varepsilon q_H^{(1-\varepsilon)}}$$

ただし $k = \left(\dfrac{1-\beta}{\beta}\right)^\varepsilon \qquad (3\text{-}5)$

$$C_P = \frac{\alpha^\sigma Y}{q_P^\sigma \Delta} \qquad (3\text{-}6)$$

$$C_F = \frac{(1-\alpha)^\sigma Y}{q_F^\sigma \Delta} \qquad (3\text{-}7)$$

---

3) 企業が家計に支払う配当は集計され配当 d となり、家計の持ち株比率 κ ($\Sigma_m \kappa = 1$) により配当所得 κd として家計の予算制約を構成すると想定している。
4) 本稿では、橋本・上村(1997)と同じ手法を採用することで、超過累進型の所得税・住民税を想定した。したがって、労働所得税率 τ_I と税額控除 D は労働所得 wL_s により内生的に決定される。また、利子所得及び配当所得は一律分離課税が適用されていると想定している。
5) ただし、家計はマイオピックな価格予想を行うと想定している。

$$X_{Pn} = \frac{\lambda_n(Y-S)}{(1+\tau_C)q_n} \qquad (3\text{-}8)$$

$$X_{Fn} = \frac{\lambda_n S\{1+(1-\tau_K)r\}}{(1+\tau_C)q_n} \qquad (3\text{-}9)$$

ただし $Y=(1-\tau_I)wL_s+D+(1-\tau_K)(r\overline{K}+\kappa d)$

$$\Delta = \alpha^\sigma q_P^{1-\sigma}+(1-\alpha)^\sigma q_F^{1-\sigma}$$

ここで、S は家計の貯蓄、$(1+\tau_C)q_n$ は消費税（消費税率 τ_C）込みの個別消費財価格であり、q_H 及び q_P や q_F との関係は以下の通りである。

$$q_H = \Delta^{\frac{1}{1-\sigma}} \qquad (3\text{-}10)$$

$$q_P = \prod_{n=1}^{N}((1+\tau_C)/\lambda_n)^{\lambda_n} \qquad (3\text{-}11)$$

そして、税抜消費財価格 q_n と生産財価格 p_i $(i=1,\cdots,I)$ には、価格数量変換コンバータ C （N 行 I 列）を通して以下の関係がある[6]。

$$(q_1,\cdots,q_n,\cdots,q_N) = (p_1,\cdots,p_i,\cdots,p_I)C' \qquad (3\text{-}12)$$

したがって、個別現在消費財需要を家計について集計した $\Sigma_m X_{Pn}$ は、価格数量変換コンバータ C を用いれば、第 i 産業への現在消費需要 X^P_{Ci} を構成するように変換できる[7]。

$$(X^P_{C1},\cdots,X^P_{Ci},\cdots,X^P_{CI}) = (\sum_{m=1}^{M} X_{P1},\cdots,\sum_{m=1}^{M} X_{Pn},\cdots,\sum_{m=1}^{M} X_{PN})C \qquad (3\text{-}13)$$

---

6) 価格数量変換コンバータとは、家計が需要する n 個の消費財と企業が生産する i 個の生産財をつなぎ合わせる $n \times i$ の行列である。したがって、行列要素を C_{ni} とするならば、列和 $\Sigma_i C_{ni}=1$ が成立する。また、C' は行列 C の転置行列を示す。価格数量変換コンバータの概念については辻村・黒田（1974）、市岡（1991）を参照。本稿で用いた価格数量コンバータは、市岡（1991）のそれを部門統合して用いた。

7) ただし、価格数量変換コンバータが将来においても不変であると想定している。

同様に、個別将来消費財需要を家計について集計した$\sum_m X_{Fn}$は、価格数量変換コンバータCを用いれば、第i産業への将来生産財消費需要X^F_{Ci}を構成するように変換できる[8]。

$$(X^F_{C1},\cdots,X^F_{Ci},\cdots,X^F_{CI})=(\sum_{m=1}^{M}X_{F1},\cdots,\sum_{m=1}^{M}X_{Fn},\cdots,\sum_{m=1}^{M}X_{FN})C \qquad (3\text{-}14)$$

これら将来生産財消費需要に対する生産財将来価格P_{Fi}は、割引後の税込消費財価格と以下のような関係にある。

$$\left(\frac{(1+\tau_C)q_1}{\{1+(1-\tau_K)r\}},\cdots,\frac{(1+\tau_C)q_n}{\{1+(1-\tau_K)r\}},\cdots,\frac{(1+\tau_C)q_N}{\{1+(1-\tau_K)r\}}\right)=(p_{F1},\cdots,p_{Fi},\cdots p_{FI})C' \qquad (3\text{-}15)$$

以上を用いて、将来消費需要は企業への民間投資I_{Pi}を構成すると想定する。

$$I_{Pi}=p_{Fi}X^F_{Ci}/p_i \qquad (3\text{-}16)$$

(2) 企業ブロック

次に、企業ブロックの構造は以下のように定式化される。

第j($j=1,\cdots,J$)企業は労働と資本、他企業の生産財を中間投入として使用し、利潤最大化行動により第j財を生産すると想定する。企業の生産関数Qを以下のように定式化する。

$$Q_j=\Phi_j L_{Dj}^{\eta_j}K_{Dj}^{\theta_j}\prod_{i=1}^{I}X_{Dij}^{\nu_{ij}} \qquad (3\text{-}17)$$

ただし、L_D及びK_Dは労働と資本、さらに、X_{Dij}は第j企業が生産に使用する第i企業の中間投入である。また、Φは効率パラメータ、η、θ及びνはそれぞれ労働、資本、中間投入の分配パラメータである。この生産関数は規模に関して収穫逓減を仮定しており、$0<\eta_j+\theta_j+\sum_i\nu_{ij}<1$が成立している。

次に、法人所得Πは収入から中間投入と雇用税込の労働費用、配当支払を除く利払いを差し引いたものとして定式化される。

---

8) 家計は割引後の税込消費財価格にしたがって将来消費を決定しているので、生産財将来価格p_{Fi}は割引後の税込消費財価格より変換されることになる。

$$\Pi_j = p_j Q_j - \sum_{i=1}^{I} p_i X_{Dij} - (1+\tau_L)wL_{Dj} - rK_{Dj} \qquad (3\text{-}18)$$

ここで p は生産財価格、w は労働価格、r は資本価格、τ_L は雇用税率を示している。利潤最大化問題を解くことで得られる労働需要関数 L_D、資本需要関数 K_D 及び中間投入需要関数 X_D は以下のように表される。

$$L_{Dj} = \left(\frac{\eta_j^{\Omega_j - \eta_j} r^{\theta_j} \prod_{i=1}^{I} p_i^{\nu_{ij}}}{\Phi_j \theta_j^{\theta_j} \prod_{i=1}^{I} \nu_{ij}^{\nu_{ij}} \{(1+\tau_L)w\}^{\Omega_j - \eta_j} p_j} \right)^{\frac{1}{\Omega_j}} \qquad (3\text{-}19)$$

$$K_{Dj} = \left(\frac{\theta_j^{\Omega_j - \theta_j} \{(1+\tau_L)w\}^{\eta_j} \prod_{i=1}^{I} p_i^{\nu_{ij}}}{\Phi_j \eta_j^{\eta_j} \prod_{i=1}^{I} \nu_{ij}^{\nu_{ij}} r^{\Omega_j - \theta_j} p_j} \right)^{\frac{1}{\Omega_j}} \qquad (3\text{-}20)$$

$$X_{Dij} = \left(\frac{\nu_{ij}^{\eta_j + \theta_j + \nu_{kj} - 1} \{(1+\tau_L)w\}^{\eta_j} r^{\theta_j} \prod_{i=1}^{I} p_i^{\nu_{ij}}}{\Phi_j \eta_j^{\eta_j} \theta_j^{\theta_j} \prod_{i=1}^{I} \nu_{ij}^{\nu_{ij}} p_j p_i^{\theta_j}} \right)^{\frac{1}{\Omega_j}} \qquad (3\text{-}21)$$

ただし $\Omega_j = \eta_j + \theta_j + \sum_{i=1}^{I} \nu_{ij} - 1$

これらを生産関数に代入すれば、生産財の供給関数 Q が得られる。

また、法人所得 Π から減価償却費 DEP と引当金 R を控除した課税ベースに法人税（税率 τ_F）が課税される。さらに、法人所得に対して配当性向 φ を乗じた配当 DID を支払った残りは内部留保 IR となる。ただし、法人税の課税ベースが負のときには、当然ながら法人税負担額はゼロである。

$$IR_j = \Pi_j - \tau_{Fj}(\Pi_j - DEP_j - R_j) - DID_j \qquad (3\text{-}22)$$

$$DID_j = \phi_j \Pi_j \qquad (3\text{-}23)$$

$$\Pi_j < (DEP_j + R_j) \Rightarrow \tau_{Fj}(\Pi_j - DEP_j - R_j) = 0 \qquad (3\text{-}24)$$

ここで、内部留保は当該企業への企業投資 I_{Fi} に回ると想定する。ただし $i=j$ である。

$$I_{Fi} = IR_j/p_i \tag{3-25}$$

さらに、減価償却費 DEP は資本需要額 pK_D に対して比例的に決定される。

$$DEP_j = \omega_j p_j K_{Dj} \tag{3-26}$$

ここで ω は減価償却費を求めるためのパラメータである。また、引当金 R は生産額 pQ に応じて比例的に決定される。引当金 R としては、貸倒引当金 R_D、賞与引当金 R_B、退職給与引当金 R_R を想定している[9]。

$$R_j = R_{Dj} + R_{Bj} + R_{Rj} \tag{3-27}$$

$$R_{Dj} = \rho_{Dj} p_j Q_j \tag{3-28}$$

$$R_{Bj} = \rho_{Bj} p_j Q_j \tag{3-29}$$

$$R_{Rj} = \rho_{Rj} p_j Q_j \tag{3-30}$$

ここで ρ_D、ρ_B、ρ_R はそれぞれの引当金繰入率パラメータである。

配当は企業で集計され、配当 d として家計の予算制約を構成する。

$$d = \sum_{j=1}^{J} DID_j \tag{3-31}$$

(3) 政府ブロック

最後に、政府ブロックの構造について説明しよう。政府は給与所得税、利子・配当所得税、法人税、給与税と消費税を家計と企業に対して課税する。総税収 TR は以下のように示される。

$$TR = \sum_{m=1}^{M}(\tau_I w L_S - D) + \sum_{m=1}^{M} \tau_K(r\overline{K} + \kappa d) + \sum_{j=1}^{J} \tau_{Fj}(\Pi_j - DEP_j - R_j)$$

---

9) 他に製品保証等引当金や各種準備金などが、課税ベースの計算のために法人所得から控除される。本稿ではそれらの額が少額であることから無視することにした。

$$+\sum_{j=1}^{J}\tau_L w L_{Dj}+\sum_{m=1}^{M}\sum_{n=1}^{N}\tau_{Cn}q_n X_{Pn} \tag{3-32}$$

政府は総税収を用い、生産財を購入する政府需要とする。すなわち、総税収はパラメータ（$\Sigma_i \delta_i = 1$）で生産財需要に配分され、政府需要 G_i を構成する。

$$G_i = \delta_i TR / p_i \tag{3-33}$$

(4) 市場均衡

家計、企業、政府は、市場を通じて相互依存関係にある。これらの経済主体の相互依存関係をつなぐことになる市場の均衡条件は以下のように説明できる。

本章では労働市場、資本市場及び生産財市場を想定している。まず、生産財市場の超過需要関数 ED は総需要 AD から総供給量である生産量 Q を差し引いたものである。ここで総需要は中間投入需要、現在生産財消費需要、民間投資、企業投資、政府需要で構成される。

$$ED_i = AD_i - Q_i \tag{3-34}$$

ただし、$AD_i = \sum_{j=1}^{J} X_{Dij} + X_{Ci}^{P} + I_{Pi} + I_{Fi} + G_i$

労働市場及び資本市場における超過需要関数 ED は

$$ED_L = \sum_{j=1}^{J} L_{Dj} - \sum_{m=1}^{M} L_S \tag{3-35}$$

$$ED_K = \sum_{j=1}^{J} K_D - \sum_{m=1}^{M} \overline{K} \tag{3-36}$$

生産要素需要から生産要素供給を差し引いた上式のように示される。

Walras 法則は全ての生産財と生産要素の超過需要がゼロまたは負となるところで成立する生産財価格、要素価格の組合せであり、以下のように定式化できる。

$$\sum_{i=1}^{I} p_i ED_i + w ED_L + r ED_K = 0 \tag{3-37}$$

需要関数と供給関数は全ての価格に対してゼロ次同次なので、一般均衡価格は

$$\sum_{i=1}^{I} p_i + w + r = 1 \qquad (3\text{-}38)$$

となるように正規化したうえで、超過需要関数を全てゼロにするような生産財価格と生産要素価格の組合せとして求められることになる。一般均衡価格の計算には不動点アルゴリズムの1つであるメリルアルゴリズムを用いた[10]。

(5) データとパラメータの設定

 以上のようなモデルに、データをセットすることで法人税のシミュレーション分析が可能になる。ここでは、各種のパラメータの設定方法について説明しておこう[11]。

 家計に関するデータの設定方法について解説しよう。給与所得 wL_s には、『家計調査年報（平成5年)』の勤労者世帯十分位階級別データから「世帯主収入」を利用した。労働時間には、『賃金センサス（平成6年)』における平成5年男子労働者学歴計の年齢階級別データを所得階級別に並べ替えることで推計した。労働保有量は各家計の利用可能時間を全て労働に費やしたときの給与所得であるとして推計した[12]。各家計の資本保有量については、資本所得の集計量を『貯蓄動向調査報告（平成5年)』の十分位階級別の「貯蓄現在高－負債現在高」の比率で各家計に按分することで推計した。効用関数のパラメータ λ_n は、『家計調査年報』の10大消費項目に対する個々の消費財支出を「消費支出」でそれぞれ除算することで算出した。効用関数におけるウェイト・パラメータ α と β は、表3-1に示したような橋本・上村（1997）の推計値を利用した。

 次に、表3-2は企業に関する各種パラメータをまとめたものである。生産関数のパラメータ Φ、η、θ、それぞれ平成5年の『国民経済計算年報』におけ

---

10) メリルアルゴリズムについては、橋本・上村（1995）を参照されたい。
11) パラメータ設定に関する詳細な説明は、上村・宮川・橋本（1997）を参照されたい。
12) ただし、1日の利用可能時間は16時間とした。

表3-1 効用関数のパラメータ（標準ケース：$\sigma=0.2$ $\varepsilon=0.4$）

所得分位	α	β
I	0.9996	0.9891
II	0.9901	0.9901
III	0.9723	0.9922
IV	0.9664	0.9911
V	0.9783	0.9909
VI	0.9593	0.9917
VII	0.9590	0.9918
VIII	0.9536	0.9922
IX	0.9879	0.9911
X	0.9780	0.9932

表3-2 企業のパラメータ

	η	θ	Φ	ω	ρ_D	ρ_S	ρ_R	φ
(1)農林水産業	0.1382	0.0467	176.2956	0.8229	0.0010	0.0021	0.0038	0.0383
(2)鉱業	0.2013	0.0364	34.1595	1.7951	0.0017	0.0048	0.0074	0.1533
(3)製造業	0.2220	0.0078	19.9334	4.8390	0.0019	0.0104	0.0165	0.0822
(4)建設業	0.2864	0.0118	43.5860	1.1978	0.0010	0.0057	0.0060	0.0461
(5)運輸通信公益業	0.3713	0.0415	52.5341	2.3984	0.0009	0.0150	0.0506	0.0726
(6)卸売・小売業	0.4574	0.0099	33.1718	0.6383	0.0016	0.0023	0.0022	0.0642
(7)金融・保険業	0.4392	0.0114	37.6912	1.6235	0.0317	0.0061	0.0088	0.0865
(8)不動産業	0.0369	0.2083	3146.1987	0.2342	0.0097	0.0028	0.0025	0.0722
(9)サービス業	0.3060	0.0178	73.3568	2.7893	0.0023	0.0068	0.0052	0.0328
(10)政府関連産業	0.6175	0.0032	6.1239	16.6183	0	0	0	0

る各産業の資本、労働、生産額を10産業に統合することで推計した[13]。中間財投入についてのパラメータであるνは、平成2年の『産業連関表』における投入係数を利用した。資本需要額に対する減価償却費の比率であるパラメータωは、『税務統計からみた法人企業の実態』と『産業連関表』より推計した。具体的には、『産業連関表』における産業ごとの「資本減耗引当」が「生産額」に占める比率を求め、それを「営業余剰」と「資本減耗引当」の合計額に乗じたものを資本需要額とし、税務統計における「減価償却費総額」の「損金算入

---

13) 本章では、産業を農林水産業、鉱業、製造業、建設業、運輸通信公益業、卸売・小売業、金融・保険業、不動産業、サービス業、政府関連産業に分類した。

表3-3　政府のパラメータ

	τ_L	δ
(1)農林水産業	0.0460	0
(2)鉱業	0.1066	0
(3)製造業	0.0820	0.1203
(4)建設業	0.1108	0.8457
(5)運輸通信公益業	0.0766	0.0020
(6)卸売・小売業	0.0697	0.0258
(7)金融・保険業	0.0725	0
(8)不動産業	0.0541	0
(9)サービス業	0.0762	0.0062
(10)政府関連産業	0.0538	0

額」を減価償却額とすることで推計した。貸倒引当金 R_D、賞与引当金 R_B、退職給与引当金 R_R については、それぞれ『税務統計からみた法人企業の実態』における各種引当金の「営業収入」に対する比率として固定した。配当性向 φ は、『税務統計からみた法人企業の実態』における法人所得と配当所得を利用して設定した。

最後に、政府の税収パラメータについて説明しておこう。所得税・住民税は、超過累進型の租税関数として現実の税率表を考慮したものとなっている[14]。利子・配当所得の税率 τ_K は20%とした。消費税率 τ_C は、3%とした。基準ケースにおける法人税率 τ_F は37.5%とした[15]。ただし、政府関連産業には課税されない。表3-3に示されている給与税率 τ_L は、『国民経済計算年報』を利用して推計した。同じく、表3-3に提示した政府の生産財購入の配分パラメータである δ には、『産業連関表』における「国内総固定資本形成（公的）」

---

14) 現実の超過累進型の所得税関数をシミュレーションモデルに組み込む方法は、本間・跡田・橋本（1989）において初めて採用されたものである。本稿でもその手法を踏襲している。

15) 改革前の税制では、普通法人の資本金1億円以下の中小企業に対しては軽減税率の28%が法人税率として適用され、大企業に対しては37.5%であった。しかし、中小企業は法人税を負担していない欠損法人が多いことから、シミュレーションモデルでは各産業の法人税率は37.5%とした。

のシェアを利用した。

第3節　法人税改革の影響

　以下では、法人税改革のシミュレーション分析の結果について説明しよう。本章では、課税ベースを拡大し、法人税の税率を引き下げるという法人税改革の基本的な考え方が産業間の税負担に与える影響、そして産業間の税負担の変化が市場の価格の変化を通じて各家計にどのような影響を与えることになるのかを調べることにした。そこで、シミュレーションにおいては、税制改革前の状況を示す基準ケースに加えて、以下の4つの改革案を想定した。

・ケース1：法人税率を35%に減税し、貸倒・賞与・退職給与引当金を廃止。
・ケース2：法人税率を35%に減税し、賞与・退職給与引当金を廃止。
・ケース3：貸倒・賞与・退職給与引当金を廃止し、基準ケースと実質税収が中立となるように法人税率を引き下げる。
・ケース4：賞与・退職給与引当金を廃止し、基準ケースと実質税収が中立となるように法人税率を引き下げる。

　本章で想定したこれらのケースは、必ずしも現実の改革案を忠実に反映したものではないが、法人税改革の基本的方向性の吟味には十分活用できよう。ケース1、ケース2では、税収中立になる保証は全くない。税収中立のもとでおこなわれなかった税制改革の効果には、増減税による効果と税構造の変化による効果の双方が含まれることになる。そこで、ケース3と4では、法人税の構造的な変化がもたらす効果のみを抽出するために、税収中立のもとでのシミュレーションをおこなった。なお、この場合の税収中立には、名目税収ではなく、実質税収を用いた。実質税収の計算に当たっては、以下のようなラスパイレス指数 LAS を用いた。

$$LAS^1 = \frac{\sum_{i=1}^{I} p_i^1 AD_i^0}{\sum_{i=1}^{I} p_i^0 AD_i^0} \tag{3-39}$$

　ただし、p は生産財価格、AD は生産財に対する需要であり、上付添字0は基

表3-4　各ケースの法人税率（％）と引当金及び税収の変化

	基準ケース	ケース1	ケース2	ケース3	ケース4
法人税率	37.500	35.000	35.000	29.130	29.881
貸倒引当金	○	×	○	×	○
賞与引当金	○	×	×	×	×
退職給与引当金	○	×	×	×	×
総税収の変化率(％)	－	7.966	6.754	－	－

（備考）　引当金については○が継続される場合、×は廃止される場合である。

準ケース、上付添字1は基準ケースに対して比較されるケースを示している。基準ケースの総税収を TR^0 として、ラスパイレス指数を用いれば実質税収 TR^1 は以下のように計算できる。

$$TR^1 = LAS^1 \times TR^0 \qquad (3\text{-}40)$$

すなわち、上式で計算された実質税収が基準ケースの税収に一致するように法人税率を変化させるシミュレーションを行った。

これらのシミュレーションにおける法人税率や引当金に関する想定は**表3-4**にまとめられている。また、表ではケース3と4の税収中立の計算で得られた法人税率も表示されている。ケース3において引当金を全て廃止するならば、課税ベースが広くなるため、29.130％まで法人税率を引き下げることで、基準ケースと税収中立にすることができる。一方、ケース4において賞与及び退職給与引当金を廃止した場合は、貸倒引当金の繰入が可能なためにケース3に比較して課税ベースが狭くなるため、29.881％への引き下げで基準ケースと税収中立になることがわかる。

さらに、表では基準ケースに対する総税収の変化率を示している。課税ベースを拡大して法人税を2.5％減税する租税政策であるケース1及び2は、短期的には増税政策となることがわかる。引当金を全て廃止するケース1は貸倒引当金の分だけ課税ベースが広くなるため、ケース2に比べて総税収の変化率も高くなる。一方、ケース3及び4によると、短期的に税収中立にして引当金を廃止して課税ベースを広げるならば、法人税は30％弱まで引き下げることが可

表3-5 法人税負担率（%）（＝法人税負担額／法人所得）

	基準	ケース1	ケース2	ケース3	ケース4
(1)農林水産業	32.339	30.730	30.659	25.632	26.225
(2)鉱業	28.054	27.205	27.100	22.782	23.261
(3)製造業	7.783	18.518	17.774	15.413	15.161
(4)建設業	30.271	31.659	31.404	26.248	26.709
(5)運輸通信公益業	9.411	18.151	18.046	15.417	15.682
(6)卸売・小売業	34.547	33.630	33.266	27.993	28.400
(7)金融・保険業	26.454	31.999	27.037	26.677	23.118
(8)不動産業	34.377	32.882	32.354	27.338	27.598
(9)サービス業	25.422	26.246	25.867	22.009	22.231

（備考）引当金の額は対数目盛で表示している

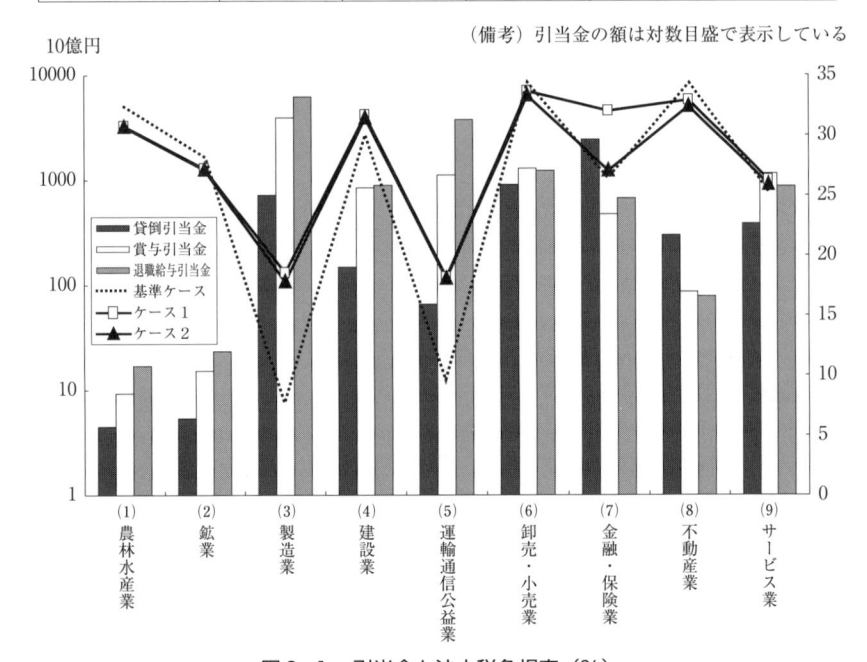

図3-1 引当金と法人税負担率（%）

能である。ただし、各種引当金の廃止は、短期的には課税ベースを拡大させるが、将来時点で実際に費用が発生した場合には当然のことながら損金算入されるために、長期的にみると増収効果を持たないことに注意を要する。

表3-5は、各ケースの法人税負担率を産業別に表示したものである[16]。この表からは、産業間の法人税負担率の格差の存在が読みとれる。このような法

表3-6　基準ケースに対する法人税負担額の変化率（％）

	ケース1	ケース2	ケース3	ケース4
(1)農林水産業	-3.749	-3.934	-14.760	-13.445
(2)鉱業	-2.581	-3.022	-15.638	-14.295
(3)製造業	134.895	124.999	89.437	86.777
(4)建設業	22.386	18.786	-12.323	-10.862
(5)運輸通信公益業	85.419	84.237	59.125	61.558
(6)卸売・小売業	-1.216	-2.657	-19.100	-18.028
(7)金融・保険業	18.159	1.785	0.783	-11.449
(8)不動産業	-2.893	-3.823	-13.461	-12.920
(9)サービス業	3.218	1.789	-12.543	-11.736
合計	17.699	15.008	-0.946	-0.861

表3-7　基準ケースに対する生産額の変化率（％）

	ケース1	ケース2	ケース3	ケース4
(1)農林水産業	0.990	1.031	6.150	5.490
(2)鉱業	0.184	0.145	3.133	2.704
(3)製造業	-0.835	-0.888	-1.426	-1.397
(4)建設業	7.973	6.782	0.437	0.383
(5)運輸通信公益業	-3.072	-3.070	-2.072	-2.203
(6)卸売・小売業	0.794	0.710	1.004	0.903
(7)金融・保険業	-1.916	-0.339	0.430	1.517
(8)不動産業	1.488	2.136	8.492	8.160
(9)サービス業	-0.209	-0.127	0.801	0.741
(10)政府関連産業	0.060	0.053	0.041	0.038

人税負担率の産業間格差の原因を探るために、産業間の引当金の額と法人税負担率の関係を示したものが図3-1である。図からは、法人税の負担率が産業ごとの引当金の額に依存していることがわかる。たとえば、製造業は特に退職給与引当金が多く、これが基準ケースに比較してケース1及び2の法人税負担率を引き上げている。また、金融・保険業は貸倒引当金の額が多いため、ケース1と2の法人税負担率の大きな違いを生じている。

16) ここでの法人税負担率とは、法人税負担額を法人所得で除算したものを意味している。また、法人所得とは減価償却や引当金を控除する前の企業の利潤を示している。

表3-8 基準ケースに対する厚生水準の変化率（%）

所得分位	ケース3	ケース4
I	−0.096	−0.087
II	−0.042	−0.037
III	0.000	0.003
IV	0.053	0.054
V	0.035	0.037
VI	0.080	0.079
VII	0.109	0.107
VIII	0.123	0.120
IX	0.128	0.124
X	0.175	0.168
合計	0.566	0.568

　次に、基準ケースに対する法人税負担額の変化率を示したものが**表3-6**である。たとえば、製造業はいずれのケースにおいても基準ケースに比較して2倍程度の法人税を負担することがわかる。一方、農林水産業や鉱業などのように法人税負担が軽減される産業も存在する。

　このような法人税負担の変化は、各産業の供給行動にどのような影響を与えるのであろうか。**表3-7**は、生産額の変化率を産業別に示したものである。法人税負担率が高くなる産業は、生産額においても基準ケースと比べて低下する傾向にある。また、産業ごとには生産額の変化率は異なる。ただし、これらの各産業の変化を集計すると、全体としては、課税ベースを拡大し基本税率を引き下げるという法人税改革は、総生産量が増加することにつながることがわかる。

　最後に、法人税改革が家計にもたらす影響を厚生変化という形で捉えたものが**表3-8**である。ただし、厚生の変化は税収中立において比較すべきなので、ケース3と4のみを基準ケースに対して比較した。ここでわかることは、法人税の課税ベースを拡大し、法人税率を引き下げる法人税改革は、低所得者層の厚生を悪化させ、高所得者層の厚生を改善する。また、家計の厚生を等しくウェイト付けして合計するベンサム的な社会的厚生を考えた場合は、これらの法人税改革は社会的な厚生を改善することがわかる。

第4節　むすび

　本章における法人税のシミュレーション分析では、短期的には課税ベースを拡大し、基本税率を引き下げる方向での税制改革は生産量を増加するという意味では経済の活性化に寄与し、家計部門への影響についても全体としては厚生を増大させることにつながることがわかった。

　最後に、本章におけるシミュレーション分析における問題点を述べることでむすびに変えよう。第1に、本章の分析は法人税改革に関して短期的な効果に限定している。とりわけ、引当金の廃止は短期的に増収効果があっても長期的には増収効果がうち消されることになる。したがって、今後は、長期的なフレーム・ワークでの分析が必要である。第2に、企業の投資行動において、法人留保が直接的に企業の投資を構成すると想定していることである。本来ならば、企業価値最大化行動にもとづき、投資関数から企業の投資行動をモデル化するべきであろう。しかしながら、本章のような静学的なモデルにおいて投資関数を導出することは不可能である。したがって、この点に関しても動学的なフレーム・ワークが望ましい。第3に、本章では国税としての法人税しか考慮していない。わが国の法人課税に対しては、国税よりもむしろ地方税としての事業税のあり方に対する批判が多い。地方税としての法人課税の問題を考えるためには、地域間に格差が存在する地方財政モデルを構築する必要がある。

［参考文献］

Ballard, C.L., D.Fullerton, J.B.Shoven and J.Whalley (1985), *A General Equilibrium Models for Tax Policy Evaluation*, The University of Chicago Press.

Harberger, A.C. (1962), "The Incidence of the Corporation Income Tax", *Journal of Political Economy* 65, pp.506-521.

Scarf, H.E. (with the collaboration of T. Hansen) (1973), *The Computation of Economic Equilibria*, Yale University Press.

Scarf, H. E. and J. B. Shoven (eds.) (1984), *Applied General Equilibrium Analysis*, Cambridge University Press.

Shoven, J.B. and J.Whalley (1992), *Applying General Equilibrium*, Cambridge University Press.(『応用一般均衡分析:理論と実際』小平裕訳、東洋経済新報社)

市岡修(1991)『応用一般均衡分析』有斐閣.

黒田昌裕(1989)『一般均衡の数量分析』岩波書店モダンエコノミクス19.

斉藤光雄(1973)『一般均衡と価格』創文社.

辻村江太郎・黒田昌裕(1974)『日本経済の一般均衡分析』筑摩書房.

戸谷裕之(1994)『日本型企業課税の分析と改革』中央経済社.

橋本恭之・上村敏之(1995)「応用一般均衡分析の解説」『経済論集(関西大学)』第45巻第3号, pp.227-243.

橋本恭之・上村敏之(1997)「村山税制改革と消費税複数税率化の評価:一般均衡モデルによるシミュレーション」『日本経済研究』第34号, pp.35-60.

橋本恭之(1999)「法人税の応用一般均衡分析」『総合税制研究』No.7, pp.133-150.

本間正明・跡田直澄・橋本恭之(1989)「竹下税制改革の厚生分析」『季刊理論経済学』第40巻第4号, pp.336-348.

前川聡子・本間正明(1997)「法人税改革への提言—日本経済活性化のための実現可能な法人税率—」『税研』第75号 Vol.13, pp.30-37.

上村敏之・宮川敏治・橋本恭之(1997)『法人税の経済分析』1997年日本財政学会報告論文.

第 4 章　道路特定財源の一般財源化について

　骨太方針2008において、道路特定財源制度は、2008年の税制改革時に廃止し、2009年度から一般財源化することが表明された。道路特定財源の存在は、潤沢な税収を背景として日本の道路整備において大きな役割を果たしてきた。道路整備は、公共財の提供という資源配分機能だけでなく、地域経済の活性化という経済安定機能を持っている。とりわけ、過疎地域における道路整備は、道路利用者数自体は少なく、むしろ道路建設に伴う雇用促進に重きがおかれてきたという見方もある。長年にわたり道路建設に代表されるような公共投資中心の政策により、日本の地域経済は公共投資抜きには成立しない状況に追い込まれたとも言える。しかし、近年の国・地方の財政悪化により、公共投資で経済を支えることが限界に近づきつつある。道路財源の一般財源化は、非効率的な道路整備をストップさせるだけでなく、高齢化の進展で増大しつつある福祉関係予算などの財源確保を図れるという意味で一石二鳥の政策と考えられているのである。

　しかし、道路財源の一般財源化を正当化するには、クリアしなければならないいくつかの課題がある。まず、道路財源の一般財源化を主張するならば道路特定財源の存在が過剰な道路整備に結びついてきたことをあきらかにしなければならない。さらに、仮に道路特定財源の存在が非効率的な道路整備の温床になっているとしても、そのことが道路財源を「一般財源」として利用する根拠にはならない。道路特定財源は、道路利用者に対する受益者負担を根拠として設定されたものである。道路特定財源を「一般財源」として使用するならば、道路利用者に対してのみ一般財源の負担を押しつけることに対する説明が必要となる。本章では、これらの課題を考慮してなお、道路特定財源の一般財源化

47

が正当化できるかどうかを考察したい。

第1節　道路整備の必要性と道路特定財源

道路特定財源の存在が非効率的な道路投資を生んできたと言えるかどうかを検証するために、まず、道路特定財源の沿革から振り返ることにしよう（**表4-1**）。1949年（昭和24年）には、一般的な財政需要に応じるために、揮発油税

表4-1　特定財源の沿革

年	概　要
昭和24年 （1949年）	揮発油税創設 →一般的な財政需要に応じる必要から、揮発油の消費に負担を求めるため。
昭和28年 （1953年）	「道路整備費の財源等に関する臨時措置法」制定 →道路整備五箇年計画（第1次：昭和29年度〜33年度）策定とともに、その財源として揮発油税収相当額を国の道路整備に充当。（昭和33年に制定された「道路整備緊急措置法」に引き継がれ、現在に至る。
昭和29年 （1954年）	「昭和29年度の揮発油譲与税に関する法律」制定 →昭和29年度に限り、揮発油税収の3分の1に相当する額を地方に譲与。
昭和30年 （1955年）	地方道路税（国税）創設 →課税対象は揮発油。税収の全てが地方の道路特定財源として地方に譲与。
昭和31年 （1956年）	軽油引取税創設 →地方道路整備の緊急性及び揮発油を燃料とするガソリン車と軽油を燃料とするディーゼル車との負担の均衡などを考慮し、都道府県及び指定市の道路に関する費用に充てるための都道府県の目的税として創設。その後、平成元年に、軽油の流通実態等に鑑み消費地課税などの制度の抜本的な改正実施。
昭和41年 （1966年）	石油ガス税創設 →石油ガスを燃料とするLPG車と揮発油を燃料とするガソリン車との負担の均衡を図る観点から創設。揮発油税などとともに、「道路整備緊急措置法」などにもとづき、国・地方の道路特定財源とされている。
昭和43年 （1968年）	自動車取得税創設 →地方道路財源の充実強化を図り、都道府県及び市町村の道路に関する費用に充てるため、都道府県の目的税として創設。
昭和46年 （1971年）	自動車重量税創設 →自動車の走行が多くの社会的費用をもたらしていること、道路その他の社会資本の充実の要請が強いことを考慮して、広く自動車の使用者に負担を求めるため創設。

が創設された。この揮発油税は、1953（昭和28年）に「道路整備費の財源等に関する臨時措置法」が制定されたことにより、道路整備五箇年計画（第1次：昭和29年度〜33年度）策定とともに、その財源として揮発油税収相当額を国の道路整備に充当されることになった。

　1955年（昭和30年）には、国税として地方道路税が創設された。その課税対象は、揮発油であり、税収の全てが地方の道路特定財源として地方に譲与されることになった。1956年には地方税として軽油引取税が創設された。これは地方道路整備の緊急性及び揮発油を燃料とするガソリン車と軽油を燃料とするディーゼル車との負担の均衡などを考慮し、都道府県及び指定市の道路に関する費用に充てるための都道府県の目的税として創設されたものである。1966年には、「道路整備緊急措置法」などにもとづき、国・地方の道路特定財源として、石油ガスを燃料とするLPG車と揮発油を燃料とするガソリン車との負担の均衡を図る観点から、石油ガス税が創設された。1968年には、地方道路財源の充実強化を図り、都道府県及び市町村の道路に関する費用に充てるため、都道府県の目的税として自動車取得税が創設された。1971年には、自動車重量税が社会資本充実を目的として創設された。

　このように歴史的にみると、これらの自動車関連の間接税が全て道路財源とされてきたわけではない。揮発油税は、設立当初は一般財源であったが道路整備緊急措置法第3条により、道路整備財源に全額充当されるようになった。自動車重量税は、国分（税収の4分の3）の8割が運用上、道路財源に充当されてきた。

　このような経緯を経て、道路特定財源として利用されている自動車関係諸税は、**表4-2**のようにまとめることができる。道路特定財源として国税では、揮発油税、石油ガス税、自動車重量税がある。地方税としては、軽油引取税、自動車税がある。揮発油税は揮発油1 kl に対して48,600円が従量税として課されている。地方譲与分以外は全額一般会計を通じて道路特定財源となる。すなわち、4分の1は地方政府に交付され、直接道路整備特別会計に入る。石油ガス税は石油ガス1 kg 当たり17円50銭（1 kl 当たり9,800円）課税される。2分の1が一般会計を通じて道路整備の特定財源として特別会計に組み込まれ

49

表4-2 自動車関係諸税

税目	課税主体	課税物件	税率	税収の使途
揮発油税	国	揮発油	国揮発油48,600円/kl（平成5年12月1日から平成30年3月31日までの特例税率）	道路整備事業に係る国の財政上の特別措置に関する法律にもとづき20年度から10年間は国の道路財源。また、同法等にもとづき同期間中、1/4は地方への交付金の財源に充てるため直接社会資本整備事業特別会計に組み入れ。
地方道路税	国	揮発油	5,200円/kl（平成5年12月1日から平成30年3月31日までの特例税率）	都道府県及び市町村の道路財源として全額譲与。
石油ガス税	国	自動車石油ガス	17円50銭/kg（9,800円/kl）	1/2は形式的には国の一般財源であるが、道路整備事業に係る国の財政上の特別措置に関する法律にもとづき20年度から10年間は国の道路財源とされ、1/2は都道府県及び指定市の道路財源として譲与。
軽油引取税	都道府県	軽油	32,100円/kl（平成5年12月1日から平成30年3月31日までの特例税率）	都道府県及び指定市の道路特定財源。
自動車取得税	都道府県	乗用車トラックバス軽自動車等	自家用は取得価額の5％営業用及び軽自動車は取得価額の3％	都道府県及び指定市（7割）、市町村（3割）の道路特定財源。
自動車税	都道府県	乗用車トラックバス等（軽自動車等を除く。）	（例）乗用車（2,000cc自家用39,500円/年・営業用9,500円/年）トラック（4～5t積自家用25,500円/年・営業用18,500円/年）バス一般乗合用30～40人乗（営業用14,500円/年）バスその他40人～50人乗（自家用49,000円/年・営業用38,000円/年）	都道府県の一般財源。
軽自動車税	市町村	軽自動車小型二輪車原付自転車等	（例）軽乗用車（自家用7,200円/年・営業用5,500円/年）軽トラック（自家用4,000円/年・営業用3,000円/年）小型二輪車4,000円/年	市町村の一般財源。
自動車重量税	国	乗用車トラックバス軽自動車等	（例）乗用車自重0.5t毎（自家用6,300円/年・営業用2,800円/年）トラック2.5t超総重量1t毎（自家用6,300円/年・営業用2,800円/年）トラック2.5t以下総重量1t毎（自家用4,400円/年・営業用2,800円/年）バス総重量1t毎（自家用6,300円/年・営業用2,800円/年）軽自動車（検査対象）1両につき（自家用4,400円/年・営業用2,800円/年）	2/3は国の一般財源であるが、1/3は市町村の道路財源として譲与。

出所：『財政金融統計月報（租税特集）』2008年度版から作成。

る。残りは都道府県及び政令指定都市の道路特定財源となる。自動車重量税は車検時に課税される。税収の4分の3が一般財源で残りの4分の1が市町村の道路特定財源となる。軽油引取税は車を取得するときに課税される。税収の7割が市町村、3割が都道府県に道路特定財源として配分される。自動車税は車を保有することに課税される。これは地方政府の一般財源であり、都道府県及び政令指定都市が課税している。軽自動車税は市町村の一般財源である。軽自動車には小型2輪、原付も含まれている。

　これらの道路特定財源が日本の道路整備に果たしてきた役割をみるために、特定財源（国費・地方費）と道路整備の推移を描いたものが図4-1である。この図の左の軸には金額が、右の軸にはkmが採られている。1950年代に次々と創設された道路特定財源の税収は、1970年代から1980年代にかけて急速に増加していく。これにあわせて、一般国道、主要地方道が急速に整備されていく状況が読み取れる。高速自動車国道については、道路特定財源の税収の動きにはそれほど影響を受けていないが、一貫して供用延長km数が伸びてきたことがわかる。バブル崩壊以降の1990年代には、地方の特定財源の税収は落ち込

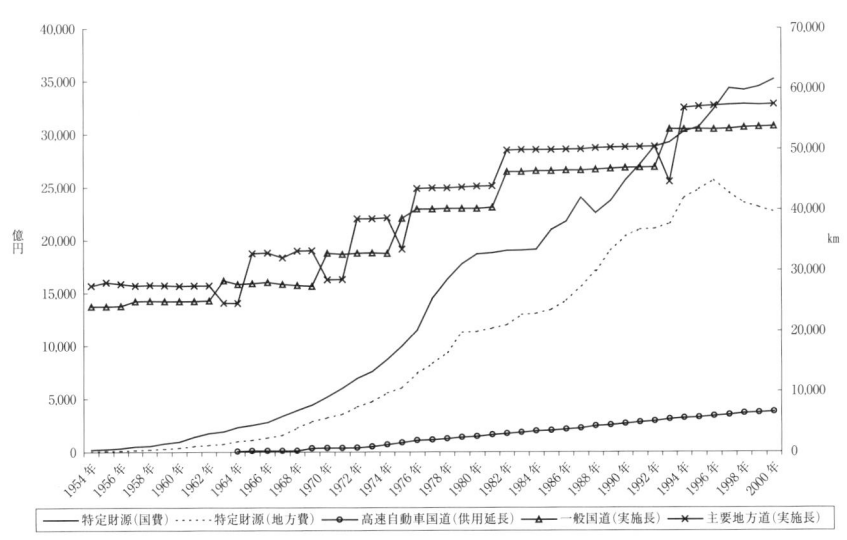

出所：『道路統計年報（2001年版）』、『道路行政（平成13年版）』より作成。

図4-1　道路特定財源と道路整備の推移

(単位:億円)

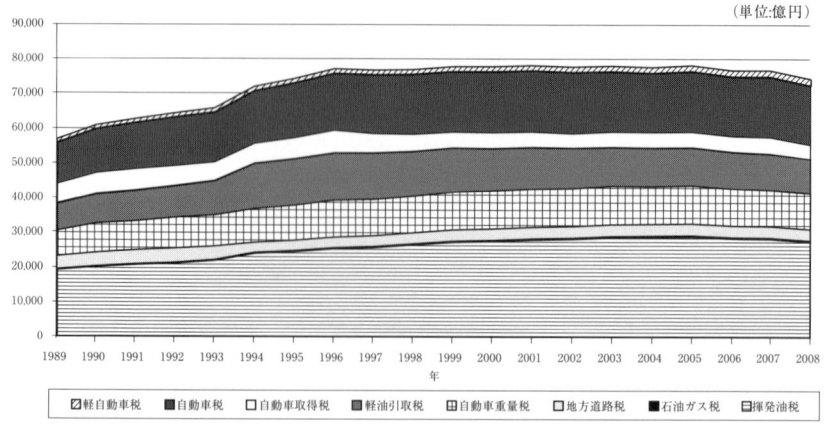

図4-2　税目別の自動車関係税収の推移

出所:『財政金融統計月報（租税特集）』各年度版より作成。
備考）1．国税については、2006年以前は決算額であり、2007年は補正後予算額、2008年は当初予算額である。
　　　2．地方税については、2006年以前は決算額であり、2007年及び2008年は地方財政計画額である。

でいるものの、国の特定財源は、依然として非常に高い伸びを示していることがわかる。

　図4-2は、道路特定財源の推移をさらに税目別に分解したものである。この図からは、1990年代の不況のなかでも自動車関連税収は確実に増加してきたことがわかる。自動車関連税収のなかで特に大きな税収を生んできたのが揮発油税、自動車重量税、自動車税である。揮発油税収は1989年に1兆9,200億円だったものが、1999年には2兆7,423億円に増加している。自動車重量税収は1989年に7,719億円だったものが、1999年には1兆1,242億円に増加している。自動車税収は1989年に1兆1,963億円だったものが1999年には1兆7,515億円に増加している。これらの自動車関連税収のうち道路特定財源に充当される部分は、1989年に3兆8,342億円であったものが1999年には5兆575億円に増加している。このように潤沢な道路特定財源が不況において一般会計税収が低迷するなかで、道路建設による景気対策という大義名分にもとづく過剰な道路整備を可能にしてきたとも言えよう。

　これらの道路特定財源による道路整備により、日本の道路整備はすでにかな

りの水準に到達している。たとえば2006年4月1日時点の舗装率は、一般国道が99.3％、都道府県道が96.2％となっており[1]、現在では、改良、舗装、街路、高企画幹線道路等に重点施策を移行している。高度成長期において、道路特定財源は国、地方の道路整備に一定の貢献をしてきたことは確かだが、これからも道路整備の財源として特定財源に依存し続けることは、過剰な道路整備を招くことにつながるおそれもあるだろう。

　日本の道路整備を中心とする公共投資が過剰である可能性については、いくつかの実証分析においてあきらかにされている。たとえば、岩本（1990）は、最適な投資政策水準に関する実証分析の結果として、これまでの日本の公共投資政策水準は最適なものとは認められないとしている。吉野・中島・中東（1994）は、社会資本を含めたマクロ生産関数の推計を行った結果として、社会資本は生産に対して正の効果があるものの、その効果は近年落ちてきており、公共投資が非効率な方面に向けられている可能性があるとしている。田中（2001）は、現実の道路投資に対して費用－便益分析及び騒音や環境汚染といった環境面の負の外部性も考慮し、有料道路と一般道路に対する政策評価をおこない、「直接的な便益に加え、市場を経由しない環境への影響（外部効果）をも考慮した場合、有効性の見地からは、政策当局の環境への相対的評価が概ね6割を上回れば、広域農道が有料道路に優先される」と述べている[2]。

第2節　数量的一般均衡モデルによる道路財源調達手段のシミュレーション分析

　以上のような道路特定財源と道路整備の現状と公共投資の効率性に関する既存の実証分析の結果をふまえると、過剰な道路整備を可能とする道路特別会計は廃止を検討すべきことになるだろう。しかし、このことは自動車関連諸税を一般財源化することには必ずしも直結しない。自動車関連諸税を一般財源として使用するならば、他の財源調達手段との比較が必要となるからである。そこで、以下では、道路特定財源の一般財源化を公平性、効率性という租税原則の

1）簡易舗装を含む舗装率である。
2）田中（2001）p.131引用。

立場から評価することにしよう。各種の財源調達手段が家計間の税負担や経済効率性にどのような影響を与えるかをみるためには、静学的な応用一般均衡モデルによる税制シミュレーションが適している。租税政策評価のための応用一般均衡分析モデルとしては、Ballard, Fullerton, Shoven and Whalley（1985）が有名である。日本においては、市岡（1991）の先駆的な業績がある。本章では橋本・上村（1997）が開発した租税分析に特化した比較的コンパクトな応用一般均衡モデルに、道路特定財源と道路特別会計を組み込むことで、拡張したシミュレーション・モデルを用いることにした[3]。

具体的には橋本・上村（1997）において、政府の税収は全て公共財購入に充てられると想定されていたのに対して、政府の税収は公共財供給ないし、社会保障給付に充てられるという形に拡張する。このような拡張をおこなうことで道路特定財源の一般財源化は政府税収に占める公共財生産の比率を低下させ、社会保障給付の比率を相対的に上昇させる。また、公共財生産に対する需要の増加は、市場を通じて各産業の相対価格を変化させ、家計の所得にも影響を及ぼすことになる。つまり、道路特定財源の一般財源化は、公共事業の減少に伴い、家計の所得を減少させる可能性もあることを、本章のモデルでは考慮できるようになる。

(1) シミュレーションモデルの概要

まず、家計行動のモデルを構築していこう。社会には2期間生存する家計 $m(m=1,\cdots,10)$ が存在している。家計の効用関数には以下のような nested CES 型効用関数を仮定する。

$$U = \left[(1-\beta)H^{-\mu} + \beta(\overline{L}-L_S)^{-\mu}\right]^{-\frac{1}{\mu}} \qquad (4-1)$$

$$H = \left[\alpha C_P^{-\eta} + (1-\alpha)C_F^{-\eta}\right]^{-\frac{1}{\eta}} \qquad (4-2)$$

---

3) 以下のモデルは、関西大学大学院の呉善充氏との共同研究（橋本・呉（2002））の成果の一部を筆者の責任で提示するものである。

$$C_P = \prod_{j=1}^{10} X_{P_j}^{\lambda_j} \tag{4-3}$$

$$C_F = \prod_{j=1}^{10} X_{F_j}^{\lambda_j} \tag{4-4}$$

（4-1）式は家計の効用Uが合成消費Hと労働の初期保有量$\overline{L}$から労働供給L_Sを差し引いた余暇に依存することを示している。（4-2）式は、Hが現在消費C_Pと将来消費C_Fを選択する合成消費に関する効用関数であることを示している。C_Pは現在の10個($j=1, \cdots, 10$)の個別消費財需要X_{P_j}から構成される現在消費である。C_Fは将来の10個の個別消費財需要X_{F_j}から構成される将来消費である。（4-1）式のβはウェイト・パラメータ、（4-2）式のαはウェイト・パラメータ、（4-3）、（4-4）式のλ_jは消費に占める第j消費財のウェイト・パラメータである。また$1/(1+\mu)=\varepsilon$はHと余暇($\overline{L}-L_S$)の代替の弾力性、$1/(1+\eta)=\sigma$はC_PとC_Fの代替の弾力性となる。なお、各家計の添字は煩雑化を避けるために省略している。

家計の予算制約は

$$p_H H = (1-\tau_y-\tau_S)wL_S + \tau_y G + (1-\tau_r)rF + B \tag{4-5}$$

とする。ただし、p_Hは消費に関する効用関数Hの合成価格、wは賃金率、wL_Sは給与収入、τ_yは所得税の限界税率、τ_Sは社会保険料率（本人負担分）、Gは所得税の課税最低限、τ_rは利子所得税率、Fは家計が保有する金融資産、rは資本価格、Bは家計が受け取る社会保障給付である。この式では、各家計は一定の限界税率と課税最低限から構成される線形所得税に直面しているという仮定にもとづいている。

この予算制約における家計の金融資産Fは、家計が保有する実物資本$\overline{K}$から変換されるものと想定する。

$$F = \theta \overline{K} \tag{4-6}$$

ただし、θは実物資産から金融資産へ変換するパラメータである。

（4-1）式、（4-2）式に関する効用最大化問題を解けば、次のような労働

供給関数を得ることができる。

$$L_S = \frac{k\overline{L}\{(1-\tau_y-\tau_s)w\}^\varepsilon p_H^{(1-\varepsilon)} - \tau_y G - (1-\tau_r)rF_i + B}{(1-\tau_y-\tau_s)w + k\{(1-\tau_y-\tau_s)w\}^\varepsilon p_H^{(1-\varepsilon)}}, \quad k = \left(\frac{1-\beta}{\beta}\right)^\varepsilon \quad (4-7)$$

効用関数Hに関する予算制約式は以下のようになる。

$$p_P C_P + p_F C_F = (1-\tau_y-\tau_s)wL_S + \tau_y G + (1-\tau_r)rF_i + B \quad (4-8)$$

ただし、p_Pは現在消費に関する効用関数C_Pの合成価格、p_Fは将来消費に関する効用関数C_Fの合成価格である。

（4-2）式と（4-8）式に関する効用最大化問題により以下が成立する。

$$C_P = \frac{\alpha^\sigma\{(1-\tau_y-\tau_s)wL_S + \tau_y G + (1-\tau_r)rF + B\}}{p_P^\sigma\{\alpha^\sigma p_P^{(1-\sigma)} + (1-\alpha)^\sigma p_F^{(1-\sigma)}\}} \quad (4-9)$$

$$C_F = \frac{(1-\alpha)^\sigma\{(1-\tau_y-\tau_s)wL_S + \tau_y G + (1-\tau_r)rF + B\}}{p_F^\sigma\{\alpha^\sigma p_P^{(1-\sigma)} + (1-\alpha)^\sigma p_F^{(1-\sigma)}\}} \quad (4-10)$$

（4-9）式、（4-10）式はそれぞれ現在消費と将来消費の需要関数である。現在消費C_Pと将来消費C_Fの選択に関する予算制約式をそれぞれ次のように与える。

$$\sum_{j=1}^{10} q_j X_{P_j} = (1-\tau_y-\tau_s)wL_S + \tau_y G + (1-\tau_r)rF + B - S \quad (4-11)$$

$$\sum_{j=1}^{10} q_j X_{F_j} = S\{1 + (1-\tau_r)r\} \quad (4-12)$$

ただし、q_jは税込み財価格であり、τ_Cを間接税率、p_jを生産者価格とすれば、

$$q_j = (1+\tau_{Cj})p_j \quad (4-13)$$

が成立する。また、Sは家計の貯蓄を示し、$p_F C_F$は将来消費の価値であるので、貯蓄Sに等しくなる。よって次式が成立する。

$$p_F C_F = S \quad (4-14)$$

（4-3）式、（4-11）式及び（4-4）式、（4-12）式に関する効用最大化問題をそれぞれ解くと、次のような現在と将来の需要関数X_P, X_Fがそれぞれ得られる。

$$X_{P_i} = \frac{\lambda_j\{(1-\tau_r-\tau_s)wL_S + \tau_y G + (1-\tau_r)rF + B - S\}}{q_j} \quad (4\text{-}15)$$

$$X_{F_i} = \frac{\lambda_j S\{1+(1-\tau_r)r\}}{q_j} \quad (4\text{-}16)$$

さらに、合成価格については以下のような関係が成立している。

$$p_P = \prod_{j=1}^{10}\left\{\frac{q_j}{\lambda_j}\right\}^{\lambda_j} \quad (4\text{-}17)$$

$$p_F = \prod_{j=1}^{10}\left\{\frac{q_j}{\{1+(1-\tau_r)r\}}/\lambda_j\right\}^{\lambda_j} \quad (4\text{-}18)$$

$$p_H = [\alpha^\sigma p_P^{(1-\sigma)} + (1-\alpha)^\sigma p_F^{1-\sigma}]^{\frac{1}{1-\sigma}} \quad (4\text{-}19)$$

次に、生産Qを産出する第$j(j=1,\cdots,11)$産業に関しては、次のような資本Kと労働Lを投入するコブ・ダグラス型の生産関数を想定する。なお、煩雑化を避けるために、産業を示す添字は省略する。

$$Q = \Phi K^\delta L^{(1-\delta)} \quad (4\text{-}20)$$

Φは効率パラメータ、δは分配パラメータである。モデル上、消費財を生産する消費財産業が存在するとし、『家計調査年報』にある10大消費項目の消費財を生産すると想定する。第11産業は公共財産業であると想定する。産出1単位あたりの費用最小化要素需要を求めると以下のようになる。

$$\frac{L}{Q} = \frac{1}{\Phi}\left[\frac{\delta}{(1-\delta)} \cdot \frac{(1+\tau_k)r}{w}\right]^{(1-\delta)} \quad (4\text{-}21)$$

$$\frac{K}{Q} = \frac{1}{\Phi}\left[\frac{(1-\delta)}{\delta} \cdot \frac{w}{(1+\tau_k)r}\right]^\delta \quad (4\text{-}22)$$

ただし、τ_kは資本税の税率である。これらを用いれば、利潤ゼロ条件により生産者価格pを要素価格の関数として表すことができる。

$$p = w\frac{L}{Q} + (1+\tau_k)r\frac{K}{Q} \qquad (4\text{-}23)$$

表4-3　消費項目別の間接税実効税率

消費項目	実効税率
食料	4.78%
住居	0.00%
光熱・水道	0.00%
家具・家事用品	0.00%
被服・履物	0.00%
保険医療	0.00%
交通・通信	43.28%
道路関連	35.40%
道路以外	7.88%
教育	0.00%
教養娯楽	1.08%
その他の消費支出	4.85%

出所：橋本・呉（2002）p.11引用。

　最後に、政府行動を定式化しよう。政府は、消費税、個別間接税、勤労所得税、利子所得税、資本税及び社会保険料により財源を調達し、公共財供給ないし社会保障給付へ支出するものとした。政府の一般会計における予算制約式は次のようになる。

$$R = \sum_{m=1}^{10}\sum_{j=1}^{10}\tau_{C_j}p_jX_{p_j} - \sum_{m=1}^{10}\tau_R pX_{p7} + (1-\omega)\sum_{m=1}^{10}\tau_R pX_{p7}$$

$$+ \sum_{m=1}^{10}\tau_y(wL_s - G) + \sum_{m=1}^{10}\tau_r rF + \sum_{m=1}^{10}\tau_k K + \sum_{m=1}^{10}\tau_s L_s \qquad (4\text{-}24)$$

ただし、p_7は10大消費項目の交通・通信の価格、τ_Rは道路関係諸税の間接税率、ωは道路特定財源への自動車関連税収充当比率とする。この式のτ_{cj}は、10大消費項目の消費財に関する消費税を含む間接税の実効税率である。つまり、間接税の実効税率は、税率5％の消費税、自動車関連諸税及びその他の個別消費財の間接税から構成されている。このうち自動車関連諸税とその他の間接税の実効税率には、表4-3の値を用いた。なお、（4-24）式の右辺の第2項に

おいて自動車関連諸税の税収がマイナスで考慮されているのは、右辺第1項の間接税収が自動車関連諸税の税収をも含んでいるためである。自動車関連諸税の税収は、全てが道路特定財源に充当される場合には、一般会計税収である R に含めることができない。この式において道路特定財源充当比率である ω が1のときは、自動車関連諸税の税収が全て道路財源に充当されることになる。このモデルでは道路財源は公共財の供給の財源として処理される。

　このようにして調達された総税収は、家計への社会保障給付、政府の財サービスの購入、公共財供給に支出されるものとした。さらに第7消費財への間接税として想定した道路関係諸税は、一定の比率 ω で公共財供給へ充当される。つまり、公共財供給は、一般会計予算のうち一定割合と特別会計からの資金の双方で構成されることになる。

$$Q_{11} = \frac{(1-\gamma-\kappa)R + \omega \sum_{m=1}^{10} p_7 X_{p7}}{p_{11}} \quad (4\text{-}25)$$

ただし、γ は一般会計予算における社会保障給付のシェア、政府の財サービス購入予算比率を、κ は一般会計予算における政府の財サービス購入のシェア、p_{11} は公共財価格、Q_{11} は公共財の供給量とする。社会保障給付の総額と各家計の社会保障給付受取額の間には以下の関係が成立するものとする。

$$B_m = \gamma_m \gamma TR \quad (m=1,\cdots,10) \quad (4\text{-}26)$$

ただし、γ_m は第 m 家計の社会保障給付のシェアであり、B_m は第 m 家計の社会保障給付受取額、TR は政府の予定税収である。政府の税収 R でなく予定税収 TR を使用しているのは、家計の労働供給は社会保障給付の受取額に依存しているので、均衡以外では政府税収 R と予定税収 TR が一致しないためである。

　財市場と生産要素市場において需要と供給が一致することで一般均衡が成立する。X_{I_j} を企業の投資需要、X_{G_j} を政府の財・サービス購入とすると、以下の式が成立する。

$$Q_j = \sum_{m=1}^{10} X_{P_j} + X_{I_j} + X_{G_j} \quad (4\text{-}27)$$

ただし、投資需要X_{I_j}は、

$$X_{I_j} = \eta_j \frac{\sum_{m=1}^{10}\{S_m+(\overline{K}_m-F)r\}}{p_j} \qquad (4\text{-}28)$$

という関係が成立するものとして求めた。ここでη_jは第j産業の投資配分パラメータである。また政府消費需要は

$$X_{G_j} = \Omega_j \frac{\kappa TR}{p_j} \qquad (4\text{-}29)$$

という関係が成立するものとして求めた。ここでΩ_jは第j産業の政府の財サービス購入の配分パラメータである。

労働、資本及び政府の集計的超過需要関数ρ_l、ρ_k、ρ_Rは以下のように表される。

$$\rho_l = \sum_{j=1}^{11} L_j - \sum_{m=1}^{10} L_S \qquad (4\text{-}30)$$

$$\rho_k = \sum_{j=1}^{11} K_j - \sum_{m=1}^{10} \overline{K} \qquad (4\text{-}31)$$

$$\rho_R = R - TR \qquad (4\text{-}32)$$

したがって、このモデルの均衡解は、これらの式で示される超過需要関数をゼロにするようなw、r、TRの組合せを求めることで得られる[4]。

(2) シミュレーション結果

本章では、道路特定財源の一般財源化が家計にもたらす影響をみるために、3つのケースを想定した。1つは、1999年時点の税制のもとでの家計の税負担、効用水準をみたものであり、現行制度を表す基準ケースである。この現行制度からの改革案として、本章では自動車関連諸税を全て一般財源化するケースと自動車関連諸税を全廃して、消費税に代替するケースを想定した。前者は、(4-24) 式における道路特定財源への充当比率ωを1とすることで考慮でき

---

[4] 本章で設定したパラメータとデータの詳細については橋本・呉（2002）を参照されたい。

る。後者は、道路特定財源への充当比率 ω を1としたうえで、第7消費財の間接税の実効税率において自動車関連諸税を全廃し、その代わりに、基準ケースと税収中立になるように消費税の税率を引き上げることで考慮できる。

　まず、道路特定財源の一般財源化と自動車関連諸税の消費税への代替が家計の税・社会保険料負担をどのように変化させるかを**表4-4**でみてみよう。道路特定財源の一般財源化は、政府の予算制約において、公共事業への支出が減少し、政府消費、社会保障給付などの支出が増加することを意味する。しかし、家計にとっての税・社会保険料負担自体にはほとんど影響を与えていないこと

表4-4　家計の税・社会保険料負担の変化　　（単位：万円）

		I	II	III	IV	V	VI	VII	VIII	IX	X
現行	所得税	0.0	8.4	13.8	17.7	24.3	27.8	31.9	38.2	45.8	61.6
	消費税	11.3	13.2	14.9	15.5	17.5	18.7	20.6	21.9	24.7	28.5
	消費税以外の間接税	13.7	16.4	18.4	18.0	21.2	24.3	26.4	27.5	32.5	36.4
	社会保険料	27.4	36.5	43.4	47.0	53.6	58.4	62.7	68.4	75.4	89.3
	総税・社会保険料負担	52.4	74.5	90.5	98.2	116.6	129.2	141.6	156.0	178.4	215.8
道路特定財源の一般財源化	所得税	0.0	8.4	13.7	17.6	24.3	27.7	31.9	38.1	45.8	61.6
	消費税	11.4	13.2	14.9	15.5	17.5	18.7	20.6	21.9	24.7	28.5
	消費税以外の間接税	13.8	16.4	18.4	18.0	21.2	24.3	26.4	27.5	32.5	36.4
	社会保険料	27.3	36.4	43.4	46.9	53.6	58.4	62.6	68.3	75.3	89.2
	総税・社会保険料負担	52.4	74.4	90.4	98.0	116.6	129.2	141.5	155.8	178.3	215.7
	変化額	0.0	-0.1	-0.1	-0.2	0.0	0.0	-0.1	-0.2	-0.1	-0.1
自動車関連税の消費税への代替	所得税	0.0	8.2	13.6	17.6	24.2	27.5	31.8	38.0	45.6	61.4
	消費税	18.7	21.8	24.5	25.5	28.7	30.9	33.9	36.0	40.7	47.0
	消費税以外の間接税	7.0	8.3	9.4	9.7	11.3	12.2	13.8	14.6	16.9	19.4
	社会保険料	27.2	36.3	43.3	46.9	53.5	58.2	62.5	68.2	75.1	89.1
	総税・社会保険料負担	53.0	74.6	90.8	99.7	117.7	128.8	142.0	156.8	178.3	216.9
	変化額	0.6	0.1	0.3	1.5	1.1	-0.4	0.4	0.8	-0.1	1.1

出所：橋本・呉（2002）p.14引用。

が読み取れる。一方、自動車関連諸税の消費税への代替は、税収中立の制約のもとでも、各所得階層ごとの税負担構造に異なる影響を及ぼす。表では、この改革で減税となるのは第Ⅵ所得分位と第Ⅸ所得分位である。このような改革は自動車への支出割合が大きな世帯においては、減税となりそれ以外の世帯では増税となるが、自動車への支出割合は、所得水準とはあまり関係ないことがわかる。増税と現在の世帯がみられるものの、その金額は最大でも年間1.5万円であり、このような改革は家計の負担構造をそれほど変化させていないことが指摘できる。

次に、一般財源化と自動車関連税の消費税率への代替による各家計の厚生変化を計測したものが**表4-5**である。この表からわかるように、道路特定財源を一般財源化した場合、全ての所得階層において効用は上昇している。すなわち、道路特定財源の一般財源化は効率性という見地からは現状を改善するものとして評価できる。道路特定財源が一般財源化されると、家計にとっては、社会保障給付を通じたプラスの所得効果が生じることになるので、理論的には当然の帰結であると解釈できる。次に、自動車関連諸税の消費税の代替による厚生変化をみると、全ての階層において効用が上昇するという結果が得られてい

表4-5　家計の厚生の変化率

	一般財源化	消費税への代替
Ⅰ	0.1324%	0.3125%
Ⅱ	0.1152%	0.3445%
Ⅲ	0.1059%	0.2940%
Ⅳ	0.0980%	0.1358%
Ⅴ	0.0682%	0.1625%
Ⅵ	0.0607%	0.3244%
Ⅶ	0.0388%	0.2246%
Ⅷ	0.0457%	0.1704%
Ⅸ	0.0575%	0.2651%
Ⅹ	0.0421%	0.1717%
合計	0.7646%	2.4054%

出所：橋本・呉（2002）p.15引用。

る。しかも、その変化率は、一般財源化するときよりも大きくなっていることがわかる。

　以上のようなシミュレーション分析をふまえると道路特定財源の一般財源化の是非は、いかにして判断すべきなのだろうか。まず、道路特定財源を一般財源化した場合には、道路にのみ充当されていた税収が、一般会計にまわされることで、社会保障の充実などに充てることが可能になる。昨今の不況のなかで、依然として景気対策としての道路整備に代表される声は根強いが、不況対策として道路整備をおこなうよりも、失業者に対する直接的な所得保障をおこなった方が、社会的な厚生を増大させることにつながる。本章における道路特定財源の一般財源化による各家計の厚生の増大は、このことを裏付けるものとなっている。

　とはいえ、これは道路整備が過剰におこなわれた場合の効率性のロスを指摘しているのであり、直ちに道路財源の一般財源化が正当化されるわけではない。過剰な道路整備を抑制することのみが目標であるならば、道路特別会計を廃止し、自動車関連税を全廃すればよい。道路特別会計の存在は、一般会計から切り離すことで、他の予算項目との優先度を比較することなく、安易な道路建設に結びついてきた。本来、公共財としての性格をそなえた道路整備は、一般的な税収でまかなうべきなのである。ただし、全額を公費でまかなった場合には、やはり過剰な道路整備を生じることにつながる。したがって、高速道路などの利用者負担が可能な場合には、受益者負担としての通行料を利用者から徴収すればよい。

　ところが、高速道路建設の費用を全て通行料でまかなうことは、過少な道路整備を生じることになる。高速道路建設は、地域経済の活性化につながるという外部性を生じるからである。道路建設には外部性の度合いに応じた税金の投入が不可欠である。その財源は、特定財源でなく、一般会計でまかなうべきである。一般会計のもとで、他の予算項目との優先度を考慮することで、無駄な道路建設の抑制につながることになる。本章のシミュレーションでも、自動車関連税を全廃し、消費税率を引き上げた方が家計の厚生を改善できることが示されている。自動車関連税収の廃止と引き替えの消費税率の引き上げは、各所

63

得階級別の総税負担をほとんど変化させないので、公平性の問題も生じない。社会保障の充実などが一般会計を通じておこなわれるのであれば、その財源を自動車関連の税目にのみ依存することは、資源配分上のマイナスを生じることになるのである。

第3節　自動車関連税制の環境税化について

　本章でのシミュレーションでは、過剰な道路整備を防ぐために、道路特別会計を廃止することについては賛同できるものの、自動車関連税制をそのままの形で継続し、一般財源化することについては否定的な結果が得られた。では、一般財源としての自動車関連税制を継続することは、いかなる条件のもとで是認されるのであろうか。それは、自動車関連税制を環境税と位置づける考え方である。**図4-3**に示されているように、諸外国においても自動車、ガソリンには高い間接税が賦課されている。このような自動車関連の高い間接税は、環境税としての意味づけもあるとされている。ガソリンに対する高い税率により、自動車の使用量を抑制し、自動車の排出ガスの削減が期待されているわけである。

　ただし、道路財源の一般財源化に伴い、自動車関連税制を環境税へと移行するならば、現在の自動車関連税制をそのまま用いることは必ずしも環境改善に役立つとは限らない。藤原・蓮池・金本（2001）は、CO_2抑制という観点からは、燃料税の増税の方が取得税、保有税の増税に比べて効率的であると指摘している。また、環境税を導入するならば、自動車のみに課税するのでなく、炭素税として産業全体に課税すべきかもしれない。環境税として自動車関連税制を活用すべきなのか、それとも一般的な炭素税を導入すべきなのかについては、筆者自身の今後の課題としたい。

第 4 章 道路特定財源の一般財源化について

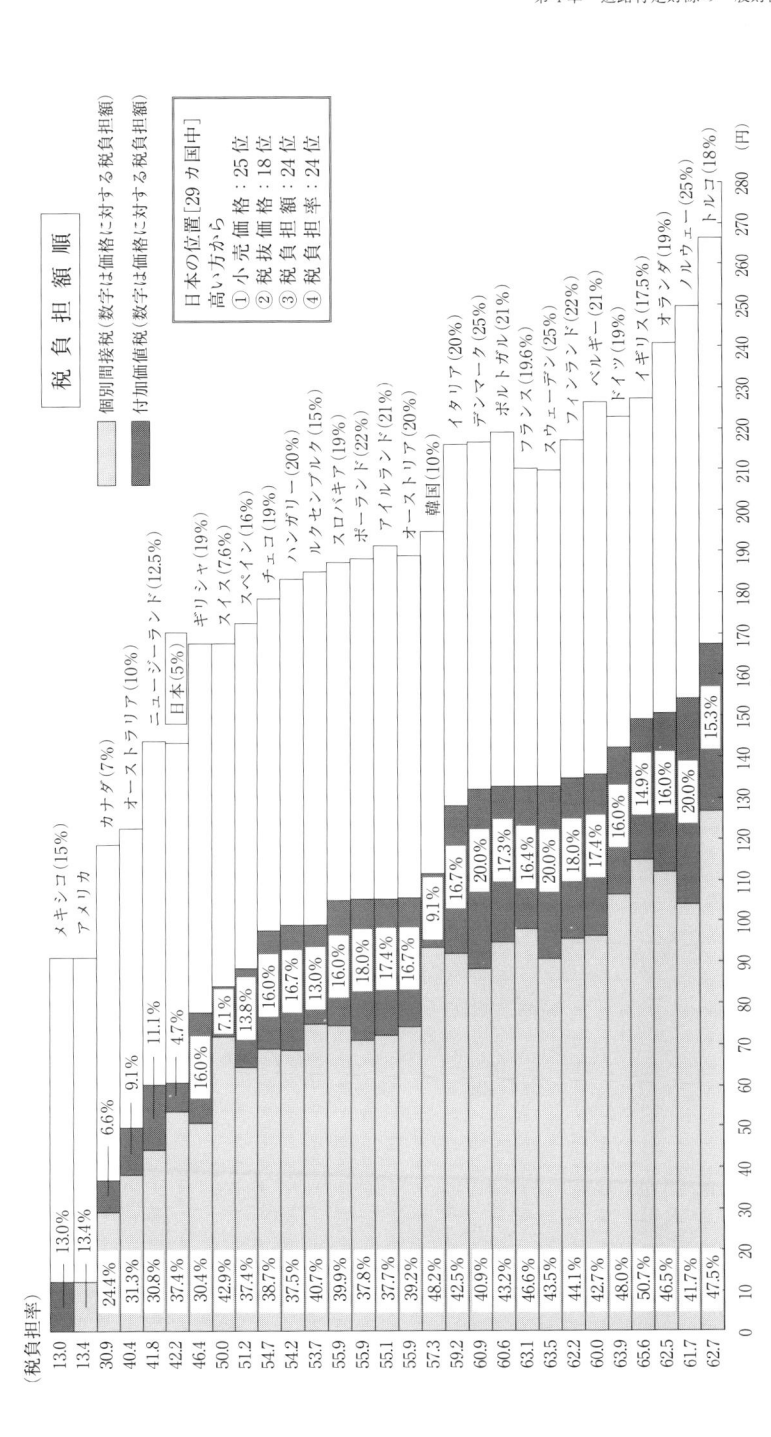

図 4-3 OECD 諸国のガソリン 1 リットル当たりの価格と税（2007 年第 3 四半期）

出所：財務省ホームページ http://www.mof.go.jp/jouhou/syuzei/sityou/133.htm 引用。

[参考文献]

Ballard, C. L., D. Fullerton, J. B. Shoven and J. Whalley (1985), *A General Equilibrium Models for Tax Policy Evaluation*, The University of Chicago Press.
橋本恭之 (1998)『税制改革の応用一般均衡分析』関西大学出版部.
橋本恭之・上村敏之 (1997)「村山税制改革と消費税複数税率化の評価——一般均衡モデルによるシミュレーション分析—」『日本経済研究』No.34, pp.35-60.
橋本恭之・呉善充 (2002)「道路特定財源の一般財源化に関する経済学的研究」『関西大学経済論集』第52巻第1号, pp.1-16.
林宏昭・橋本恭之 (1993)「消費項目別の間接税実効税率の推計－1953年から1990年までの推移－」『四日市大学論集』第5巻, pp.1-10.
市岡修 (1991)『応用一般均衡分析』有斐閣.
岩本康志 (1990)「日本の公共投資政策の評価について」『経済研究』第41巻第3号, pp.250-261.
北坂真一 (2001)「社会資本ストックのマクロ経済効果」『国民経済雑誌』第183号第6号, pp.51-62.
島田晴雄・酒井幸雄 (1980)「労働力構造と就業行動の分析：個票による家計の就業行動の分析」『経済分析』第79号, pp.1-81.
田中宏樹 (2001)『公的資本形成の政策評価：パブリック・マネジメントの実践に向けて』PHP研究所.
上村敏之 (1997)「ライフサイクル消費行動と効用関数の推計－異時点間消費の代替の弾力性と時間選好率」『(関西学院大学) 産研論集』第24号, pp.91-115.
上村敏之 (2001)『財政負担の経済分析』関西学院大学出版部.
吉野直行・中島隆信・中東雅樹 (1994)「社会資本のマクロ生産効果の推計」吉野直行・中島隆信編『公共投資の経済効果』日本評論社.
藤原徹・蓮池勝人・金本良嗣 (2001)「環境政策における自動車関係税制の活用の評価」『第15回応用地域学会研究発表大会報告論文』.

第5章 地方交付税のシミュレーション分析

　本章では、地方分権化による各地域間の住民の厚生の変化を捉えるために、数量的な応用一般均衡分析モデルを構築する。ただし、47都道府県から構成されるような大規模な地方財政モデルを作成するには膨大な作業が必要とされる。さらにモデルが大型化すれば、そこで得られた分析結果が家計、企業、政府の相互依存関係のなかでいかなる経路を通じて生じたものかをあきらかにすることが困難になる。そこで本章では、本格的な地方財政の一般均衡モデルを構築するための準備的な作業として、2地域、2消費者、3産業から構成されるパイロットモデルを構築することにした。

第1節　はじめに

　わが国は、いま地方分権化への流れの中にある。しかし、なぜ中央集権から地方分権へ移行する方が望ましいかを正面からとりあげた分析は少ない。既存の分析の多くが地方分権化をおこなった場合に、各地方団体の財政構造や地域間の経済格差にどのような影響を与えるかなどを捉えた実証的なものであった。地方分権化そのものの是非を判断するならば、このような実証的な分析に加えて、規範的な分析が欠かせない。地方財政に関する規範的な分析としては、最適課税論のフレームワークを利用して、わが国の地方財政制度を特徴づけている地方交付税制度のシミュレーション分析をおこなった林（1996）や地方財政制度の理論的な分析をおこなった赤井（1997）などが存在する。既存の研究において地方交付税制度に関心が寄せられてきたのは、交付税の持つ過度な財源保障機能・財政調整機能が真の地方分権の妨げになるという共通認識があるか

らである。国による過度な財源保障は、地方団体による放漫な財政運営の一因となる。あるいは過度な地方団体間の財政調整は都市住民の不満を生むだけでなく、資源配分のゆがみを生じるおそれもある。

　そこで、本章でも地方交付税制度のあるべき姿を問うための基礎的な研究として、地方交付税制度を組み込んだ数量的な応用一般均衡モデルを構築することにした。現実的な政策提言をおこなうためには、現行の地方財政制度や日本経済の構造をできるだけ忠実に反映したモデルを構築することが望ましい。しかし、地域性を無視した一国全体を対象とした応用一般均衡モデルでさえ、家計の所得格差、企業の生産構造、複雑な税制などを考慮するため、膨大なデータセットが必要となる。まして、地方財政モデルにおいては、都道府県レベルの地域格差を導入するだけでも、47都道府県が存在し、それぞれの地域には所得水準の異なる地域住民が存在することを考えなくてはならない。そこで本章では本格的な地方財政の一般均衡モデルを構築するための準備的な作業として、2地域、2消費者、3産業から構成されるパイロットモデルを構築することにした[1]。

　実は、本章のような地域数を限定することによる単純化は、地域間租税帰着の理論的分析としておこなわれてきた。一般均衡モデルにおいて地域性の問題が関心を呼んできたのは、地域性が存在しない場合には労働市場は単一となるのに対して、地域性が存在するならば地域間で異なる労働市場が存在する可能性が生じてくるからである。この問題に関しては、本間（1982）の先駆的な研究が存在する。本間のモデルは、生産要素としての労働が地域間で移動不可能なケースを想定した「職住一致型」のモデルとなっている。しかし、地域間の租税帰着の問題を考える場合、「職住一致型」モデルのみが現実的な想定ではない。現代社会での鉄道、飛行機などの移動手段の発達やインターネットによる在宅勤務の可能性などは、職場との時間的な距離の問題を克服しつつある。そこで本章では、各地域の労働需要に応じて労働が地域間で移動する「通勤型」モデルを採用することにした。

　1）47都道府県から構成される地方財政モデルについては本書の第6章で取り扱う。

このようなパイロットモデルを用いて、本章では地域1についてのみ消費税の税率を引き上げるという政策シミュレーションと中央政府が地方交付税の税率を引き下げるという2つの政策シミュレーションを試みる。前者のシミュレーションは、片方の地域のみの税率の引き下げが他の地域にいかなる影響をもたらすかという地域間の租税帰着をみることで、モデルの構造を見ることが目的である。後者のシミュレーションは、交付税への依存度を下げるという地方分権をにらんだ改革がどのように評価されるかを示すものである。本章のモデルは、2地域しか存在しない限定的なものであるが、地方分権そのものの是非を考えるための検討材料としては、十分有用であろう。

第2節　モデル

この節では、モデルの基本構造を説明しよう。まず、地方財政モデルを構築するためにおいたいくつかの想定から説明しよう。

本章では、地域は単純化のために都市と地方の2地域しか存在しないものとした。各地域には代表的な消費者が存在し、労働 L_i（$i=1,2$）と資本 K_i（$i=1,2$）を保有している。各消費者がどの地域で労働と資本を供給するかは、労働需要 LD_{ij}（$i=1,2:j=1,2$）、資本需要 KD_{ij}（$i=1,2:j=1,2$）に依存して決定される。消費財需要 X_{ij}（$i=1,2:j=1,2$）は、居住地域でおこなうものとして、人口移動は無視する。また、各地域には2種類の商品と地方公共財をそれぞれ生産する3つの企業が存在する。各企業の生産財価格 p_{ij}（$i=1,2:j=1,2$）は税率 t_c の消費税が課されることで消費財価格 $(1+t_c)p_{ij}$（$i=1,2:j=1,2$）となる。政府部門としては、中央政府と地方政府を想定する。中央政府は、所得再分配政策に特化し、地方公共財 G_i（$i=1,2$）を提供する地方政府に対して補助金を交付する。中央政府の所得再分配政策は、家計への移転支払い TF_i（$i=1,2$）を通じて実施される。地方政府は、地方税として、住民税、資本税を賦課し、中央政府から交付された補助金と地方税収を地方公共財への支出に充当する。

(1) 家計行動

それでは具体的なモデルの説明をはじめよう。

第 i 地域の地域住民の効用関数は

$$U_i = (1-\beta)(\sum_{j=1}^{2}(\alpha_{ij})1/\mu_{ij}(X_{ij})^{(\mu_{ij}-1)/\mu_{ij}})^{\mu_{ij}/(\mu_{ij}-1)} + \beta\overline{G}_i \quad i=1,2 : j=1,2 \quad (5-1)$$

ここで、X_{ij} は第 i 地域の第 j 消費財、$\overline{G}_i$ は第 i 地域の地方公共財とする。α、β、μ は効用関数のパラメータである。地方公共財は他の地域にスピル・オーバー効果を伴わず、外部性は発生しない。

各地域の消費者の予算制約は、

$$wL_i - t_{yc}(wL_i - D_{yc}) - t_{yL}(wL_{ij} - D_{yL}) + (1-t_i)rK_i + TF_i = (1+t_c)\sum_{j=1}^{2}p_iX_{ij} \quad (5-2)$$

となる。ここで、t_{yc} は国税である所得税の限界税率、t_{yL} は住民税の限界税率、t_c は消費税の税率、t_i は利子所得税率、D_{yC} は所得税の課税最低限、D_{yL} は地方税である住民税の課税最低限、TF_i は第 i 地域住民への社会保障給付、L_i は第 i 家計の労働保有量、K_i は第 i 家計の資本保有量、p_{ij} は第 i 家計の第 j 消費財価格、w、r はそれぞれ生産要素の価格である。

第 i 地域の消費者の第 j 商品の需要は

$$X_{ij} = \frac{\alpha_{ij}\{(1-t_{yC}-t_{yL})wL_i + t_{yC}D_{yC} + t_{yL}D_{yL} + (1-t_i) + rK_i + TF_i\}}{p_{ij}^{\mu_{ij}}(\sum_{j=1}^{2}\alpha_{ij}p_{ij}^{(1-\mu_{ij})})} \quad i=1,2 : j=1,2 \quad (5-3)$$

となる。

(2) 企業の行動

各地域にはそれぞれ3個の産業の代表的な企業が存在する。企業の生産関数は

$$Q_{ij} = \phi_{ij}[\delta_{ij}L_{ij}^{(\sigma_{ij}-1)/\sigma_{ij}} + (1-\delta_{ij})K_{ij}^{(\sigma_{ij}-1)/\sigma_{ij}}]^{\sigma_{ij}/(\sigma_{ij}-1)} \quad i=1,2 : j=1,2 \quad (5-4)$$

とする。ただし、Q_{ij}は第i地域の第j産業の生産量、Φ、σ、δは生産関数のパラメータである。

産出量1単位当たりの要素需要は

$$\frac{LD_{ij}}{Q_{ij}} = \frac{1}{\Phi}\left[(1-\delta)\left(\frac{\delta}{(1-\delta)}\cdot\frac{(1+t_k)r}{(1+t_l)w}\right)^{(1-\sigma)}+\delta\right]^{\sigma/(1-\sigma)} \quad i=1,2 : j=1,2$$
(5-5)

$$\frac{KD_{ij}}{Q_{ij}} = \frac{1}{\Phi}\left[\delta\left(\frac{(1-\delta)}{\delta}\cdot\frac{(1+t_k)w}{(1+t_l)r}\right)^{(1-\sigma)}+(1-\delta)\right]^{\sigma/(1-\sigma)} \quad i=1,2 : j=1,2$$
(5-6)

となる。ここでLD_{ij}は労働需要、KD_{ij}は資本需要、t_kは資本税率、t_lは雇用税率（社会保険の雇用主負担）とする。

利潤ゼロ条件より、生産財価格はwとrの関数となる。

$$p_{ij} = (1+t_l)w\left(\frac{LD_{ij}}{Q_{ij}}\right)+(1+t_k)r\left(\frac{KD_{ij}}{Q_{ij}}\right) \quad i=1,2 : j=1,2$$

(3) 政府の行動

中央政府の総税収Rは

$$R = \sum t_{yc}(wL_i - D_{yc}) + t_i\sum rK_i + t_c\sum\sum p_i X_{ij} + t_l\sum wL_i + t_k\sum rK_i \qquad (5-7)$$

となる。

中央政府は、予定税収TRのもとで、地方交付税B、社会保障給付TFをそれぞれ一定の比率で支出するものとする。地方交付税は、

$$B = \theta\ TR \tag{5-8}$$

だけ交付され、社会保障給付TFは

$$TF = (1-\theta)TR \quad i=1,2$$

となる。社会保障給付は各家計に一定比率で配分される。

$$TF_i = \gamma_i TF$$

ただし、γ_iは第i家計への配分シェアである。

さらに地方交付税は一定の比率で各地域に配分される。配分比率を θ_i とおくと第 i 地域の地方交付税は、

$$T_i = \theta_i B \quad i=1, 2$$

で決まることになる。

第 i 地方政府の地方公共財への支出額は

$$p_{i3}G_i = t_{yL}(wL_j - D_{yL}) + T_i \quad i=1, 2 \tag{5-9}$$

となる。ここで p_{i3} は第 i 地域の地方公共財の価格である。

(4) 市場の均衡条件

第 i 地域での第 j 商品の総供給 Q_{ij} は、第 i 地域の代表的家計の第 j 商品の需要に等しくなるので

$$Q_{ij} = X_{ij} \quad i=1, 2 : j=1, 2$$

が成立する。第 i 地域の地方公共財の供給量は、

$$Q_{i3} = G_i \quad i=1, 2$$

である。

したがって生産要素の派生需要は、

$$LD_{ij} = \frac{LD_{ij}}{Q_{ij}} \cdot Q_{ij} \quad i=1, 2 : j=1, 2$$

$$KD_{ij} = \frac{KD_{ij}}{Q_{ij}} \cdot Q_{ij} \quad i=1, 2 : j=1, 2$$

で与えられる。

集計的超過要素需要関数は

$$\rho_L = \sum\sum LD_{ij} - \sum L_i \tag{5-10}$$

$$\rho_K = \sum\sum KD_{ij} - \sum K_i \tag{5-11}$$

となる。

また均衡以外では総税収と予想税収は一致しないため、超過税収関数

$$\rho = R - TR \tag{5-12}$$

が加わることになる。本章では、メリル・アルゴリズムを利用して（5-10）式、（5-11）式、（5-12）式を同時に満たすような均衡価格を求めている[2]。

第3節　数値例によるシミュレーション

この節では、以上のようなモデルに数値例を適用することで、シミュレーション分析を行う[3]。本章のモデルは、あくまでも大規模な地方財政モデルを構築するためのパイロットモデルとして位置づけられるものであり、適用されるパラメータも数値例にすぎないが、地方財政制度の変更が各地域の厚生水準等に市場の相互依存関係のなかでどのような経路を通じて影響を及ぼすのかについて、その方向性を探るのには十分有用であろう。

(1) パラメータの設定

表5-1　効用関数のパラメータ

	μ	α_1	α_2	β
地域1	1.5	0.5	0.5	0.5
地域2	0.75	0.3	0.7	0.5

表5-2　生産関数

	ϕ		δ		σ	
	地域1	地域2	地域1	地域2	地域1	地域2
財1	1.5	1.0	0.5	0.9	1.5	0.4
財2	1.5	1.0	0.5	0.9	1.5	0.4
財3	1.5	1.0	0.5	0.9	1.5	0.4

---

2) メリルアルゴリズムについての解説は、本書の第1章が詳しい。
3) 具体的なプログラムについては、橋本（2000）の補論で公開している。

表5-3 資本・労働保有

	労働	資本
地域1	1000	5000
地域2	200	1000

　それでは、本章のシミュレーションで設定したパラメータの具体的な値について説明しておこう。まず、表5-1は地域1、地域2それぞれの効用関数のパラメータである。次に、表5-2は生産関数のパラメータである。生産関数のパラメータは、地域1と地域2では異なる値をとるものの、財の種類について同じであると想定した。さらに、表5-3は地域1と地域2の資本・労働保有量を示している。地域1は、都市を想定しているので、労働、資本保有量ともに地方を想定した地域2を上回るものとした。

　最後に、地方財政制度に関する政策パラメータの初期値について説明しよう。税制パラメータとして、国税については、$t_c=0.05$、$t_l=0.165$、$t_k=0.2$、$t_i=0.2$、$t_y=0.2$、$F=50$とした。地方税については、$t_{yL}=0.1$、$D_{yL}=50$とおいた。社会保障給付配分パラメータは、$\gamma(1)=0.4$、$\gamma(2)=0.6$と設定した。これは、中央政府による各地域住民への社会保障給付は、地方へ重点的に交付されることを意味している。また、地方交付税率は、$\theta=0.3$、地方交付税配分パラメータは、$\theta(1)=0.2$、$\theta(2)=0.8$とした。これは、中央政府から地方政府への一般補助金としての地方交付税の大部分が地方に支出されていることを意味する。なお、地方交付税率については、政策シミュレーションにおいては、変更可能とする。

(2) 基準ケースのシミュレーション

　以上のように設定した効用関数、生産関数のパラメータ、各種税制パラメータのもとで達成されるような一般均衡解を本章では基準ケースとして想定した。表5-4は、各地域の労働需要、資本需要、需給ギャップ等が掲載されている。この表において地域1は、固定的に供給される労働供給1000に対して、当該地域の生産活動に際して労働は499.78しか需要されていない。一方、地域2では、固定的な労働供給が200しかないのに、当該地域の生産活動において700.22だ

表5-4　各地域の需給ギャップ（基準ケース）

	地域1	地域2	
労働需要	499.78	700.22	
資本需要	5450.16	549.84	
労働供給	1000.00	200.00	
資本供給	5000.00	1000.00	
需給ギャップ	500.22	−500.22	
需給ギャップ	−450.16	450.16	
	第1産業	第2産業	第3産業	産業計
生産物価格 $L1$	3.04	3.04	3.04	
生産物価格 $L2$	7.04	7.04	7.04	
消費者価格 $L1$	3.13	3.13		
消費者価格 $L2$	7.25	7.25		
総供給 $L1$	1429.27	1429.27	262.96	3121.50
総供給 $L2$	149.29	348.35	182.89	680.53

け労働が需要されている。このため、地域1では500.22だけ労働が過剰となり、地域2では500.22だけ労働が過小になっている。したがって、地域1の住民は、この需給ギャップを埋めるために地域2で労働を供給することになる。これが「通勤型」モデルとしての本章の特徴である。また、資本についても各地域で固定的に供給されている資本供給を満たすような当該地域での資本需要が存在する保証はないために、需給ギャップを満たすように資本が移動することになる。

表5-5　県民所得（基準ケース）

	地域1	地域2	合計
労働所得	5065.31	1013.06	
資本所得	5000.00	1000.00	
合計	10065.31	2013.06	12078.38

表5-5は、このような各地域の労働需要、資本需要に対応して、各地域住民が労働供給と資本供給をおこなった結果として生じる県民所得を計算したものである。ここでは、県民所得は、居住民に発生した所得のため、固定的に供給されている資本と労働とそれぞれの価格によって決まることに注意されたい。

表5-6 県内総生産（基準ケース）

	地域1	地域2	
労働所得	2531.56	3546.82	
資本所得	5450.16	549.84	
	7981.72	4096.66	12078.38

　一方、**表5-6**は各地域の県内総生産を示したものである。県内総生産は、それぞれの地域での労働雇用、資本雇用量とそれぞれの価格で決まるので、県民所得とは異なることになる。本章のモデルでは、各地域の住民は、労働や資本を提供した生産地域でなく、当初の居住地域において労働所得、資本所得を獲得し、居住地域において消費活動をおこなうと想定しているために、この県民所得と県内総生産の違いが重要な意味を持つ。

(3) 消費税率引き上げの政策シミュレーション

　以上のような基準ケースのもとでの均衡は、政策パラメータの変更によっていかなる影響を受けるのであろうか。まず、モデルの定性的な動きを理解するために、消費税の税率を地域1についてのみ3％から5％に引き上げるというケースのもとでの均衡を求め、基準ケースと比較することにした[4]。

表5-7 消費税率引き上げによる価格体系の変化

	改革前	改革後	変化率
w/r	5.07	5.14	1.44%
TR/r	4964.43	5169.87	4.14%
労働資本分配率	36470270.00	36995150.00	1.44%

　まず、消費税率を地域1についてのみ3％から5％に引き上げた場合についてみてみよう。消費税率の引き上げによる価格体系の変化をみたものが**表5-7**である。消費税率の変更は、第1財と第2財の相対価格に変化をもたらし、

---

[4] 現行の消費税は、多段階課税であるために地域間で異なる税率を設定することが技術的に困難である。地域間で異なる税率の設定を可能にするには、地方消費税として小売売上税を導入することが必要とされる。

表5-8　価格変化と総供給の変化

	第1産業	第2産業	第3産業	
生産物価格 $L1$	3.04	3.04	3.04	
生産物価格 $L2$	7.04	7.04	7.04	
消費者価格 $L1$	3.13	3.13		
消費者価格 $L2$	7.25	7.25		
総供給 $L1$	1429.27	1429.27	262.96	3121.50
総供給 $L2$	149.29	348.35	182.89	680.53
生産物価格 $L1$	3.05	3.05	3.05	
生産物価格 $L2$	7.13	7.13	7.13	
消費者価格 $L1$	3.21	3.21		
消費者価格 $L2$	7.34	7.34		
総供給 $L1$	1412.78	1412.78	268.22	3093.78
総供給 $L2$	151.41	353.28	187.77	692.45
生産物価格 $L1$	0.44%	0.44%	0.44%	
生産物価格 $L2$	1.24%	1.24%	1.24%	
消費者価格 $L1$	2.39%	2.39%		
消費者価格 $L2$	1.24%	1.24%		
総供給 $L1$	−1.15%	−1.15%	2.00%	
総供給 $L2$	1.42%	1.42%	2.67%	

各財の消費需要を変化させ、消費需要の変化は、各財の生産量の変化を招き、生産量の変化は労働需要、資本需要に影響することで要素価格にも影響を与えるのである。

このような要素価格の変化は、さらに表5-8で示したような生産物価格、消費者価格の変化にフィードバックされる。表では、地域1の消費者価格は2.39％上昇し、地域2の消費者価格は1.24％上昇する。地域1の生産物価格は0.44％上昇し、地域2の生産者価格は1.24％上昇する。地域2での消費者価格の上昇は地域2での生産者価格が上昇するためである。地域2での生産者価格の上昇は地域2での労働需要、資本需要の増大のためである。総供給は、第1産業、第2産業では第1地域で減少、第2地域で増大することになる。第3産業（公共財産業）においてはいずれの地域も増大することになる。

表5-9は、労働需要、資本需要の変化を地域別にみたものである。表では

表5-9 労働需要、資本需要の変化

	第1地域	第2地域	計
労働需要	499.78	700.22	1200.00
資本需要	5450.16	549.84	6000.00
労働需要	488.07	711.93	1200.00
資本需要	5437.76	562.24	6000.00
労働需要	-2.34%	1.67%	
資本需要	-0.23%	2.26%	

表5-10 税収の変化と効用の変化 ($\beta=0.5$)

	第1地域	第2地域	計
住民税	501.53	96.31	597.84
交付税	297.87	1191.46	1489.33
効用	2911.14	534.22	3445.36
住民税	508.82	97.76	606.59
交付税	310.19	1240.77	1550.96
効用	2879.20	542.24	3421.44
住民税	1.45%	1.51%	
交付税	4.14%	4.14%	
効用	-0.89%	1.75%	

増税された地域では労働需要、資本需要とも減少し、第2地域ではともに上昇することがわかる。

さらに、**表5-10**は、税収の変化と効用の変化を地域別にまとめたものである。表によると住民税は第1、第2地域ともに増大している。これは、労働供給は不変であるので、w/rの上昇によるものと説明できる。交付税は第1、第2地域ともに増大し、効用水準は第1地域が減少、第2地域が増大することになる。

(4) 交付税率変更のシミュレーション

以下では、政策シミュレーションとして政府が地方交付税の税率を変化させることができる場合に、効用水準がどのように変化するのかをみていこう。この政策シミュレーションにおいては、基準ケースにおいて想定していた

表 5-11　交付税率と厚生水準の関係

	$\beta=0.1$	$\beta=0.3$	$\beta=0.5$	$\beta=0.7$	$\beta=0.9$
0.9	2574.3	2216.8	1859.3	1501.8	1144.3
0.8	2654.3	2260.2	1866.2	1472.1	1078.0
0.7	2735.0	2304.0	1873.1	1442.1	1011.1
0.6	2816.4	2348.2	1880.0	1411.8	943.5
0.5	2898.6	2392.8	1887.0	1381.1	875.3
0.4	2981.5	2437.7	1894.0	1350.2	806.4
0.3	3065.2	2483.1	1901.0	1318.9	736.9
0.2	3149.6	2528.8	1908.1	1287.4	666.6
0.1	3234.8	2575.0	1915.2	1255.4	595.6

$\beta=0.5$だけでなく、0.1から0.9の範囲で感度分析も実施する。このβは、効用関数における各地域の地方公共財に対するウェイトパラメータである。βの値が小さい場合は、地方公共財はあまり効用水準に影響を与えず、大きい場合は、効用水準に大きな影響を与えることになる。

表 5-11は、特定のβの値のもとで、地方交付税の税率を変化させた場合に、地域1と地域2の各家計の効用水準の合計値でみた社会的厚生水準がどのように変化するのかをまとめたものである[5]。はたして地方交付税の税率をいかなる水準に決めることが社会的な厚生水準を最大化することになるのであろうか。本章で基準ケースとした$\beta=0.5$の場合からみていこう。この場合、厚生水準は、交付税率を0.9から0.1まで引き下げるにしたがって、増加していくことがわかる。すなわち、地方交付税の税率は低いほど望ましいことになる。

ただし、この結果はβの値に大きく依存していることがわかる。βの値が0.5よりも小さい場合には、$\beta=0.5$と同様の傾向がみられる。一方、βが0.7と0.9のケースにおいて、地方交付税率を引き下げるにつれて、厚生水準が低下していくことがわかる。つまり、各地域の家計が地方公共財への選好を強く表明するならば、交付税率は高いほど好ましくなるのである。

このような地方交付税率と社会的厚生水準の関係をより詳しく検討するため

5）ここでは、社会的厚生関数として、各地域の効用関数を単純に合計したものである功利主義的な社会的厚生関数を採用する。

表5-12 交付税率と各地域の効用水準

	$\beta=0.3$			$\beta=0.5$			$\beta=0.7$		
	地域1	地域2	合計	地域1	地域2	合計	地域1	地域2	合計
0.9	1897.03	319.76	2216.79	1488.46	370.82	1859.29	1079.89	421.89	1501.79
0.8	1927.07	333.16	2260.23	1500.20	365.95	1866.15	1073.33	398.74	1472.07
0.7	1957.28	346.77	2304.04	1512.06	360.99	1873.05	1066.84	375.22	1442.07
0.6	1987.65	360.57	2348.22	1524.04	355.95	1879.99	1060.43	351.33	1411.76
0.5	2018.20	374.58	2392.78	1536.15	350.81	1886.96	1054.09	327.05	1381.14
0.4	2048.94	388.79	2437.73	1548.39	345.58	1893.97	1047.83	302.38	1350.21
0.3	2079.87	403.21	2483.08	1560.75	340.26	1901.02	1041.63	277.31	1318.95
0.2	2110.99	417.85	2528.85	1573.25	334.85	1908.10	1035.51	251.84	1287.35
0.1	2142.32	432.71	2575.03	1585.88	329.34	1915.22	1029.45	225.96	1255.41

に、βの値が0.3、0.5、0.7のそれぞれのケースについて、地域1、地域2の効用水準の動きを示したものが、**表5-12**である。基準ケースとした$\beta=0.5$の場合からみてみよう。このとき、地域1と地域2の効用水準の合計値である社会的厚生は、交付税率の引き下げにつれて増大している。その厚生の動きを地域1と地域2に分解してみると、交付税率の引き下げが各地域にもたらす影響は正反対であることがわかる。すなわち、交付税率の引き下げにつれて、地域1の効用は上昇するが、地域2の効用は減少しているのである。本章のモデルにおいて地域1は都会と仮定し、地域2よりも地域1には所得水準の高い家計が存在すると想定している。交付税の引き下げは、富裕な地方団体の効用水準を高め、貧しい地方団体の効用水準を低下させているのである。社会的厚生水準が交付税率の引き下げにつれて上昇するのは、富裕な団体の効用水準の増加の効果が貧しい団体の効用水準の減少の効果を上回るからである。

次に、$\beta=0.3$のケースについても交付税率の引き下げが各地域の効用水準にもたらす影響をみてみよう。興味深いことに、この場合には地域1、地域2ともに交付税率の引き下げが効用水準を増加させることになる。交付税率の引き下げが富裕な団体である地域1の効用水準を増加させることになるのは当然としても、貧しい団体である地域2の効用水準が増加するのはなぜだろうか。その答えは、本章のモデルにおける中央政府の税収配分方法に求めることができ

る。本章では、中央政府は税収の一定割合を交付税と社会保障給付に配分することになる。したがって、地方交付税率の引き下げは、直ちに社会保障給付の増大につながることになる。地域2の住民は、地方交付税率が引き下げられた場合、自主財源としての住民税と交付税を財源として供給される地方公共財の減少に直面する。しかし、$\beta=0.3$のケースにおいては、この地方公共財の減少の影響は効用水準にそれほど影響を与えない。その一方で地域2の住民は、中央政府からの直接的な所得保障としての社会保障給付の増大を享受することができる。この社会保障給付の増大は、地域2の家計による消費の増大につながり、効用水準を増大させることになる。この増大が地方公共財減少による効用水準引き下げ効果を上回っているのである。

　最後に$\beta=0.7$のケースについて、交付税率の引き下げが各地域の効用水準にもたらす影響をみてみよう。$\beta=0.3$のケースとは逆に、交付税率の引き下げは、地域1、地域2ともに効用水準の減少をもたらす。$\beta=0.7$というパラメータは、各地域の家計が地方公共財の提供を極めて重視しているようなケースを意味している。本章のモデルにおいて地方公共財は、（5-9）式をみるとわかるように、地方税としての住民税と中央政府からの交付税によって財源調達がおこなわれている。この節のシミュレーションにおいては交付税率以外の全ての税制パラメータを固定したため、交付税率の引き下げはダイレクトに各地域の地方公共財の減少につながる。したがって、地方公共財の提供をきわめて重視する場合については、交付税率の引き下げが富裕な団体と貧しい団体の双方の効用水準を減少させることになるのである。すなわち、このケースにおいて交付税率引き下げが社会的厚生水準の低下をもたらす原因は、交付税率の引き下げイコール地方公共財の減少となるという本章での想定に依存してることに注意しなければならない。仮に、交付税率の引き下げにつれて、これまでの地方公共財の水準を維持するように各地方団体が自主財源である住民税の税率を引き上げるならば、地方公共財の減少による社会的厚生の悪化は生じないため、極端に地方公共財を重視するようなパラメータのもとでも交付税率の引き下げがプラスに評価される可能性もあるだろう。

第4節　むすび

　本章の分析は、あくまでもパイロットモデルによるものであり、その結論も暫定的なものと考えられる。しかし、本章の政策シミュレーションからは、いくつかの興味深い結果が得られた。これらのシミュレーション結果が、地方分権の方向性を議論するうえでどのように解釈できるかをまとめておこう。

　本章では、政策シミュレーションとして、国から地方への財源移転システムとしての地方交付税の税率引き下げの効果をみた。その結果、地方交付税の税率引き下げが社会的厚生水準を増加させるかどうかは、各地域の住民の地方公共財の提供に対する選好の度合いに依存することがわかった。仮に各地域の住民が地方公共財の提供に対してきわめて高い選好を持つ場合には、交付税率の引き下げは逆に社会的厚生を悪化させる可能性もある。すなわち、わが国において都市よりも地方の貧しい団体選出の議員がより大きな政治力を持っているような社会においては、現行制度のもとで強力な国から地方への財源配分機能を果たしている交付税制度はそれなりの整合性をもった制度と言えなくもない。したがって、現行の地方重視の政治システムを前提とすれば、地方分権化に際して、単純に交付税率の引き下げを図ることは現実的な提案とは言えない。交付税率の引き下げの代わりに、地方の自主財源としての地方税を増税し、改革前と同じ地方公共財の水準を維持すべきであろう。それと同時に交付税率の引き上げは、国税収入のうち地方団体へ配分される部分が減少するので、国税については減税する余裕が生じることになる。つまり、地方税を増税し、国税を減税することで国と地方の財源配分を見直すべきである。

　最後に本章で残された主要な課題を述べることでむすびに代えよう。

　第1に、労働供給が固定されているが、所得課税の効率性を考える場合には内生化が必要となる。第2に、数値例での計算であり、より現実的なデータセットの作成が望まれる。第3に、静学的なフレームワークでの分析のために、人口移動を無視したが、地方財政モデルではとりわけ人口移動の問題を取り上げる方が好ましい。

これらの課題は、筆者自身の今後の課題としたい。

[参考文献]

赤井伸郎（1997）「地方分権下における国の地方補助に関する理論分析－最適課税理論の地方補助制度への応用－」『日本経済研究』No.34, pp.61-88.

Ballard, C.L., D.Fullerton, J.B.Shoven and J.Whalley（1985）, *A General Equilibrium Models for Tax Policy Evaluation, The University of Chicago Press.*

橋本恭之・上村敏之（1995）「応用一般均衡分析の解説」『経済学論集（関西大学）』第45巻第3号, pp.227-243.

橋本恭之・上村敏之（1997）「村山税制改革と消費税複数税率化の評価－一般均衡モデルによるシミュレーション分析－」『日本経済研究』No.34, pp.35-60.

橋本恭之・上村敏之（1998）『地方財政の一般均衡分析』1998年度日本財政学会報告論文.

橋本恭之（1998）『税制改革の応用一般均衡分析』関西大学出版部.

橋本恭之（2000）「地方交付税のシミュレーション分析」『総合税制研究』No.8, pp.112-134.

林宏昭（1996）「地方交付税制度の地域間再分配効果」『フィナンシャル・レビュー』第40号, pp.20-36.

本間正明（1982）『租税の経済理論』創文社.

市岡修（1991）『応用一般均衡分析』有斐閣.

Shoven, J.B. and J.Whalley（1992）, *Applying General Equilibrium, Cambridge University Press,*（小平裕訳（1993）『応用一般均衡分析：理論と実際』東洋経済新報社）.

第6章　地方財政の一般均衡分析

　この章では、国と地方の財政関係を考慮した地方財政の一般均衡モデルを提示する。三位一体の改革、道州制の検討など近年わが国は、地方分権を目指した改革への流れのなかにある。従来の数量的一般均衡モデルでは、中央政府と地方政府の区別はなく、地域の違いも考慮されてこなかった。本書の第5章では、2地域、2消費者、3産業のパイロットモデルを用いて、地方分権化に関する規範的な分析をおこなった。この章のモデルは、第5章のモデルをより現実的な47都道府県に拡張し、各地域に異なる年齢階級の家計と代表的企業が存在するモデルへの拡張を図ったものである。

第1節　地方財政の一般均衡モデル

　この節では、モデルの基本構造を解説する。まず、地方財政モデルを構築するためのいくつかの想定から説明しよう。各地域には所得水準の異なる複数の消費者が存在し、労働と資本を保有している。各消費者がどの地域で労働と資本を供給するかは、労働需要、資本需要に依存して決定される。家計は労働所得と資本所得を得て、消費と貯蓄をおこなう。消費は消費需要となり、貯蓄は投資需要を構成する。また、各地域には1種類の商品と地方公共財をそれぞれ生産する2つの企業が存在する。政府部門としては、中央政府と地方政府を想定する。中央政府は国税を財源として、地方公共財を提供する地方政府に対して補助金を交付し、家計への移転支払いを実施する。地方政府は、地方税として住民税と事業税を賦課し、中央政府から交付された補助金と地方税収を地方公共財への支出に充当する。

(1) 家計行動

　第 i ($i=1, \cdots, I$) 地域の第 j ($j=1, \cdots, J$) 家計の持つ効用関数に、以下のような nested CES 型効用関数を想定する。なお、添字 i は地域、添字 j は所得階層を示すが、煩雑化を避けるために省略する。

$$U = \left[(1-\beta)H^{-\mu} + \beta(\overline{L}-L)^{-\mu}\right]^{\frac{1}{\mu}} \qquad (6\text{-}1)$$

$$H = \left[\alpha X_P^{-\eta} + (1-\alpha)X_F^{-\eta}\right]^{\frac{-1}{\eta}} \qquad (6\text{-}2)$$

ここで、H は、現在消費 X_P と将来消費 X_F の合成消費関数、$\overline{L}$ は労働保有量、L_S は労働供給量、β は合成消費と余暇のウェイト・パラメータ、α は現在消費と将来消費のウェイト・パラメータである。また、$\varepsilon = 1/(1+\mu)$ は、合成消費と余暇 ($\overline{L} - L_S$) の代替の弾力性となり、$\sigma = 1/(1+\eta)$ は、現在消費と将来消費の代替の弾力性となる。地方公共財は他の地域にスピル・オーバー効果を伴わず、外部性は発生しないものとする。

　各地域の消費者の予算制約は、

$$(1-\tau_C-\tau_L)wL_S + \tau_C D_C + \tau_L D_L + (1-\tau_R)rF + T_F = p_H H = p_P X_P + p_F X_F \qquad (6\text{-}3)$$

とする。ここで、τ_C は国税の所得税限界税率、τ_L は地方税の住民税限界税率、D_C は国税の所得税課税最低限、D_L は地方税の住民税課税最低限、τ_R は利子所得税率、F は金融資産、T_F は社会保障給付、w は労働価格、r は資本価格、p_H は合成消費価格、p_P は現在消費の価格、p_F は将来消費の価格である。ただし、金融資産は（6-4）式のように実物資産から一定の比率で変換されると想定する。

$$F = \theta \overline{K} \qquad (6\text{-}4)$$

　（6-3）式の制約のもとで（6-1）式を最大化すると、労働供給関数 L_S は

$$L_s = \frac{kp_H^{1-\varepsilon}\{(1-t_C-t_L)w\}^{\varepsilon}\overline{L} - t_C D_C - t_L D_L - (1-t_R)r\overline{K} - T_F}{(1-t_C-t_L)w + kp_H^{1-\varepsilon}\{(1-t_C-t_L)w\}^{\varepsilon}} \quad (6\text{-}5)$$

となる。ただし、$k = \left(\frac{1-\beta}{\beta}\right)^{\varepsilon}$である。

さらに、(6-3) 式の制約のもとで (6-2) 式を最大化すると、現在消費の需要関数 X_P として

$$X_P = \frac{\alpha^{\sigma}\{(1-\tau_C-\tau_L)wL_s + \tau_C D_C + \tau_L D_L + (1-\tau_R)r\overline{K} + T_F\}}{p_P^{\sigma}\{\alpha^{\sigma}p_P^{1-\sigma} + (1-\alpha)^{\sigma}p_F^{1-\sigma}\}} \quad (6\text{-}6)$$

が、将来消費の需要関数として、

$$X_F = \frac{(1-\alpha)^{\sigma}\{(1-\tau_C-\tau_L)wL_s + \tau_C D_C + \tau_L D_L + (1-\tau_R)r\overline{K} + T_F\}}{p_F^{\sigma}\{\alpha^{\sigma}p_P^{1-\sigma} + (1-\alpha)^{\sigma}p_F^{1-\sigma}\}} \quad (6\text{-}7)$$

が得られる。ここで、現在財と将来財の価格には、それぞれ

$$p_P = (1+t_I)p_1 \qquad p_F = \frac{(1+t_I)p_1}{\{1+(1-t_R)r\}} \quad (6\text{-}8)$$

の関係が成立する。ただし、p_1 は民間部門の生産財価格、t_I は消費税率である。

さらに、合成消費の価格と現在財・将来財の価格の間には

$$p_H = \{\alpha^{\sigma}p_P^{1-\sigma} + (1-\alpha)^{\sigma}p_F^{1-\sigma}\}^{\frac{1}{1-\sigma}} \quad (6\text{-}9)$$

という関係が成立する。

消費者の将来消費の需要関数に将来財の価格から貯蓄

$$S = p_F X_F \quad (6\text{-}10)$$

が得られる。貯蓄と資本の関係から投資は

$$X_1 = \frac{C_I}{p_1}\left(\sum_{i=1}^{I}\sum_{j=1}^{J}S + \sum_{i=1}^{I}\sum_{j=1}^{J}\overline{K} - \sum_{i=1}^{I}\sum_{j=1}^{J}rF\right) \quad (6\text{-}11)$$

と定式化する。C は地域 i への投資を配分するパラメータであり、$\Sigma_i C_i = 1$ が成立する。

(2) 企業行動

次に、企業行動について説明しよう。各地域には、消費財を生産する産業と公共財を生産する産業が以下のような生産関数にもとづいて生産をおこなうものとする。

$$Q = \Phi L^{\delta} K^{(1-\delta)} \quad (6\text{-}12)$$

ここで、Φ は効率パラメータ、δ は分配パラメータを示している。なお、煩雑化を避けるため、地域を意味する添字と産業を意味する添字を省略する。

生産1単位当たりの費用関数は、

$$1 = wL + (1 + \tau_{CK} + \tau_{LK})rK \quad (6\text{-}13)$$

となる。ここで τ_{CK} は法人税率、τ_{LK} は事業税率である。(6-12) 式の生産関数を制約とし、(6-13) 式を最小化することで、産出1単位当たりの費用最小化要素需要を求めると以下のようになる。

$$\frac{L}{Q} = \frac{1}{\Phi}\left[\frac{\delta(1+\tau_{CK}+\tau_{LK})r}{(1-\delta)w}\right]^{1-\delta} \quad (6\text{-}14)$$

$$\frac{K}{Q} = \frac{1}{\Phi}\left[\frac{(1-\delta)w}{\delta(1+\tau_{CK}+\tau_{LK})r}\right]^{\delta} \quad (6\text{-}15)$$

これらを用いれば、利潤ゼロ条件により民間部門の生産者財価格 p_1 と公共部門の公共財価格 p_2 を要素価格の関数として表すことができる。

$$p_1 = w\frac{L_1}{Q_1} + (1+\tau_{CK}+\tau_{LK})r\frac{K_1}{Q_2} \quad (6\text{-}16)$$

$$p_2 = w\frac{L_2}{Q_2} + r\frac{K_2}{Q_2} \quad (6\text{-}16)'$$

(3) 政府の税収制約

次に、政府の税収制約について説明しよう。まず、中央政府の税収 R は

$$R = \sum_{i=1}^{I}\sum_{j=1}^{J} \tau_C(wL_S - D_C) + \sum_{i=1}^{I}\sum_{j=1}^{J} \tau_{RC} rF + \sum_{i=1}^{I}\sum_{j=1}^{J} \tau_I p_1 X_P + \sum_{i=1}^{I} \tau_{CK} rK \quad (6\text{-}17)$$

と定式化する。この式の右辺は、所得税、利子所得税、消費税、法人税の税収である。なお、τ_{RC}は利子所得の源泉分離課税のうち国税分の15％の税率を意味している。ただし、iは地域をjは家計を意味する添字である。

中央政府は消費譲与税（平成9年からは地方消費税）、地方交付税を地方政府へ、社会保障給付 T_F を家計へ支出した残りを政府購入へ配分すると想定した。消費譲与税Jは消費税の税収の5分の1、地方交付税Bは消費税の税収の消費譲与税を除いた24％と、所得税と法人税の32％を合算したものとして計算される。

$$J = \frac{1}{5}\sum_{i=1}^{I}\sum_{j=1}^{J} \tau_I p_1 X_P \quad (6\text{-}18)$$

$$B = 0.24 \times \left(\sum_{i=1}^{I}\sum_{j=1}^{J} \tau_I p_1 X_P - J\right) + 0.32 \times \left(\sum_{i=1}^{I}\sum_{j=1}^{J} \tau_C(wL_S - D_C)\right.$$

$$\left. + \sum_{i=1}^{I}\sum_{j=1}^{J} \tau_R rF + \sum_{i=1}^{I}\sum_{m=1}^{2} \tau_{CK} rK\right) \quad (6\text{-}19)$$

政府購入 X_G は各地域へ配分パラメータ C_G（$\sum_i C_{Gi} = 1$）を通して以下のように地域間へ配分される。

$$X_G = \frac{C_G}{p_1}\left(R - J - B - \sum_{i=1}^{I}\sum_{j=1}^{J} T_F\right) \quad (6\text{-}20)$$

それぞれの地方政府は、（利子課税の地方分を含む）個人住民税と事業税からなる自主財源と国からの譲与税と地方交付税を財源として地方公共財の供給をおこなうので、以下の式が成立する。

$$p_2 G = C_J J + C_B B + \sum_{j=1}^{J} \tau_L (wL_S - D_L) + \sum_{j=1}^{J} \tau_{RL} rF + C_L \sum_{i=1}^{I} \tau_{LK} rK \qquad (6\text{-}21)$$

ただし、τ_{RL}は利子所得の源泉分離課税の地方分の税率5％である。ただし、C_Jは消費譲与税配分パラメータ、C_Bは地方交付税配分パラメータ、C_Lは事業税分割基準パラメータである（それぞれ$\sum_i C_J = 1$、$\sum_i C_B = 1$、$\sum_i C_L = 1$）。

(4) 市場均衡

最後に市場均衡は以下のように表される。まず、民間財市場については、第i地域の民間財の総供給量Q_{i1}が家計の消費財需要、投資財需要、政府による民間財の購入に等しくなると想定する。ただし、第i地域の家計の消費財需要は、各地域の各家計の消費財需要を集計し、それを固定係数C_{Ci}で配分することにした[1]。したがって第i地域の消費財需要X_{pi}は、

$$X_{pi} = C_{Ci} \sum_{i=1}^{I} \sum_{j=1}^{J} X_{pij}$$

となる。ただし、$\sum_i C_{Ci} = 1$である。したがって、第i地域の民間財の総供給量は、第i地域の消費財需要、投資財需要、政府購入X_{Gi}に等しくなるので、

$$Q_{Ii} = X_{pi} + X_{Ii} + X_{Gi} \quad (i = 1, \cdots I,) \qquad (6\text{-}22)$$

が成立する。公共財市場については、第i地域の公共財供給量Q_{i2}が公共財需要と等しくなるので、

$$Q_{i2} = G_i \quad (i = 1, \cdots I,) \qquad (6\text{-}23)$$

となる。（6-22）（6-23）式の供給量を（6-14）（6-15）式の単位当たりの要素需要関数に代入すると、労働の要素需要LD_{im}と資本の要素需要KD_{im}が得

---

[1] これは、各地域に居住している家計は必ずしも当該地域でのみ消費をするとは限らないからである。

られる。ただし、$m=1$ は民間財、$m=2$ は公共財を意味する添字である。したがって、労働要素市場の均衡は

$$ED_L = \sum_{i=1}^{I}\sum_{m=1}^{2} LD_{im} - \sum_{i=1}^{I}\sum_{j=1}^{J} L_S \qquad (6\text{-}24)$$

で、資本要素市場の均衡は、

$$ED_K = \sum_{i=1}^{I}\sum_{m=1}^{2} KD_{im} - \sum_{i=1}^{I}\sum_{j=1}^{J} \overline{K} \qquad (6\text{-}25)$$

で示される。一般均衡解は、(6-24)(6-25)式の超過需要を全てゼロにするような w,r の組合せをメリル・アルゴリズムを利用して求めた。

第2節 データセットの作成とパラメータの設定

　本節では前節で提示されたモデルに対して与えられるパラメータを設定するために、データセットを作成する。標準的な応用一般均衡分析では、基準となる初期時点の均衡（基準均衡）では要素価格比が1、全ての税抜き財価格が1のときを想定してデータセットが作成される。そのためには、家計、中央政府、地方政府の予算制約が満たされることはもちろん、労働市場、資本市場、そして地方別の民間部門と公共部門の財市場がそれぞれ均衡状態にあるような特徴を持つデータセットを作成しなければならない。これらのことに注意しつつ、以下からは経済主体別にデータセットとパラメータの設定方法について述べる。

(1) 家計

　家計は都道府県別、年齢階級別に区別される。まず、労働に関するデータについて述べる。平成9年版『賃金センサス』（労働省）の平成8年都道府県別年齢階級別、産業規模計、「きまって支給する現金給与額」と「年間賞与その他特別給与額」を足し合わせ、年額で万円単位に修正したものを家計の給与所得とした。また、同資料の「所定内実労働時間」と「超過実労働時間」を年換算し、年間利用可能時間で除算することで労働供給量 L を推定する[2)]。労働保有量は年間利用可能時間を全て労働供給に費やしたときの給与所得であると

想定されるから、上で得られた給与所得を労働供給量で除算することで得られる。さらに、同資料の「労働者数」をモデル内の世帯分布であると想定する。ただし、『賃金センサス』の年齢区分は「〜17歳」、「18〜19歳」、「20〜24歳」、「25〜29歳」、以下「65歳〜」まで5歳刻みの12階級が存在する。ここでは他データの整合性を考慮して、「〜17歳」と「18〜19歳」を統合してこれを20歳未満とし、全部で11年齢階級のデータを作成した。

さて、『賃金センサス』データからは消費額・貯蓄額・利子所得額を得ることができない。そこで、平成8年『家計調査報告』(総務庁) と平成7年『貯蓄動向調査報告』の年齢階級別、勤労者世帯データから得られる年齢階級別の平均消費性向を計算し、上で得られたデータを加工することでこれらを推計する。『家計調査』からは「世帯人員」、「世帯主収入」、「社会保障給付」、「消費支出」、「勤労所得税」、「個人住民税」、「社会保険料」を、『貯蓄動向』からは「貯蓄現在高−負債現在高」を年額万単位に修正する。利子所得は純貯蓄(＝貯蓄現在高−負債現在高)に3.275％の収益率を乗じて得られる。この収益率には平成8年『経済統計年報』の東証国債先物の年平均利回りを利用した。利子所得税は利子所得に対して20％を乗じて計算される。世帯主収入、社会保険料給付、利子所得を足し合わせることで総所得が計算でき、さらに勤労所得税、社会保険料、利子所得税を差し引くと、可処分所得が計算できる。可処分所得で消費支出を除算すれば、平均消費性向を年齢階級別に得ることができる。

次に実物資本の推計を行う。実物資本ついてはミクロ・データからの推計は不可能なので、マクロ・データを利用する。上述の給与所得 wL に世帯分布を乗じたものを集計することで、都道府県別の労働所得を得ることができる。『県民経済計算年報』(経済企画庁) の「経済活動別県内総生産及び要素所得」にある「合計」の「雇用者所得」で「営業余剰」を除算することで都道府県別の資本労働比率を計算する[3]。さらに資本労働比率に労働所得を乗じることで、

---

2) 1日の利用可能時間を16時間として年間利用可能時間を計算している。
3) ここでは平成7年度データを『国民経済計算年報』(経済企画庁) の「労働所得」と「資本所得」の平成8年のそれぞれの伸び率を乗じることで平成8年度の都道府県別「労働所得」と「資本所得」を推計して用いている。

都道府県別の資本所得が得られる。この資本所得が家計の実物資本を構成すると考え、給与所得と世帯分布を利用して都道府県別年齢別の各家計に実物資本を振り分ける[4]。一方、先に『貯蓄動向』データを加工して得られた利子所得に世帯分布を考慮すれば利子所得の合計が計算できる。モデルでは実物資本から利子所得が生じるから、実物資本の合計で利子所得の合計を除算した値がマクロでみた実物資本の収益率となる。この値は8.363%として得られ、各家計が全て同じ収益率を得ていると想定すれば、各家計の実物資本にこの収益率を乗ずることで、家計の利子所得が得られる。

以上の作業より、上で得られた給与所得と利子所得の合計に年齢階級別の平均消費性向を乗じることで、都道府県別年齢階級別の消費税込み消費額を推計することができる。ただし、『家計調査』と『貯蓄動向』は、「〜24歳」、「25〜29歳」、以下「65歳〜」まで5歳刻みで10年齢階級のデータが掲載されている。したがって、先に作成した11年齢階級にあわせるために、20歳未満については「〜24歳」と同じ平均消費性向を持つと考える。また、20歳未満の世帯人員は単身世帯を想定して1人であるとし、社会保障給付はゼロであると考え、他の年齢階級の社会保障給付は『家計調査』に準ずると想定する。

家計の負担する租税について述べよう。給与所得に対して平成8年度の所得税制と住民税制を適用することで、所得税と住民税負担額が判明する。ただし、ここでは先の世帯人員データを利用して、給与所得控除、基礎控除、配偶者控除、扶養者控除、配偶者特別控除、社会保険料控除を所得控除として想定し、超過累進型の限界税率を乗じて、平成8年度に実施された特別減税を差し引いた額を計算している[5]。利子所得に対しては源泉分離課税の20%分を利子所得税負担額とする。また、消費額は消費税込みであるから、103分の3を乗じることで消費税負担額も計算できる[6]。

---

4) この手法によれば、給与所得が高ければ大きな実物資本を保有することになる。したがって、稼得能力が高ければ過去に築いてきた実物資本も大きいものになると想定している。
5) 社会保険料控除については財務省簡易計算方式を採用している。
6) 簡単化のために消費税以外の間接税については考慮していない。

以上の結果、給与所得、利子所得、社会保障給付の合計を総所得とし、所得税、住民税、利子所得税を差し引くことで、可処分所得が計算可能となる。さらに、可処分所得から消費税込み消費額を差し引けば、貯蓄額を推定することができる。これらの変数は都道府県別年齢階級別に推定されたが、世帯分布を考慮することで都道府県レベルの変数としても集計可能である。

(2) 企業

　本章のモデルの企業には都道府県別に民間部門と公共部門が存在する。企業のデータは専らマクロ・データを利用し、家計のミクロ・データとの接合を試みる。

　『県民経済計算年報』には「政府サービス生産者」の「労働所得」が都道府県別に得られるが、これが公共部門の労働所得であると解釈する。しかしながら、営業余剰は定義上ゼロなので、公共部門の資本所得を確定することができない。そこで、「政府サービス生産者」の「労働所得」を「合計」の「労働所得」から差し引くことで民間部門の都道府県別の労働所得を得る。「合計」の「営業余剰」を民間部門の労働所得で除算することにより、民間部門の資本労働比率を都道府県別に計算できる。民間部門と公共部門の資本労働比率が等しいと想定すれば、公共部門の労働所得を乗じることで公共部門の資本所得が推計できる。

　平成10年『国税庁統計年報書』(国税庁)には平成8年度の法人税の税収が、平成10年『地方財政統計年報』(地方財務協会)には平成8年度の事業税の税収がそれぞれ掲載されている。これらの租税は企業が家計へ分配する資本所得に対して課税される。先に得られた企業の資本所得は資本税込みであることに注意しながら、税抜き資本所得の合計に対する法人税収と事業税収がそれぞれの平均税率と考えよう。ここで得られた税率は、法人税が14.93％、事業税が5.50％となった[7]。これを都道府県別の資本税込み資本所得に適用すれば、資

---

7) 実際の法人税と事業税の法定税率よりもかなり低い値であるが、赤字法人がこれらの租税を負担していないことを考えれば、妥当な値と言えよう。

本税抜き資本所得が得られることになる。

　さて、家計のデータセットからは都道府県別の集計された消費税抜き消費額がわかる。消費の各都道府県への配分については、『県民経済計算年報』の「県民総支出（名目）」における「民間最終消費支出」の「家計最終消費支出」データを用いて配分パラメータ C_C を作成した。さらに、家計の総貯蓄と実物資本の合計から利子所得を差し引いた額が、総投資となって各都道府県に配分され、民間投資を構成する。このときの配分基準についても、『県民経済計算年報』の「県民総支出（名目）」における「民間」の「総固定資本形成」データを用いて配分パラメータ C_I を作成した。また、モデルでは中央政府によって国税の一部分を財源とする公共投資がおこなわれ、これも民間部門の需要項目となる。一般均衡条件から、各都道府県において民間部門の税抜き消費需要、民間投資、公共投資の合計が、労働所得と税抜き資本所得に一致しなければならない。そこで、上で得られた民間部門の労働所得と税抜き資本所得の比を用いて、税抜き消費額と民間投資及び公共投資の合計を都道府県ごとに按分する。この作業により、基準均衡における民間部門の労働所得と税抜き資本所得が得られ、さらに資本税率を後者に乗じることで、法人税と事業税負担額を計算することができる。

　一方、モデルにおける公共部門では、地方政府の税収や中央政府からの譲与税、地方交付税の財源を全て地方公共財の生産に費やす。したがって、都道府県の財源と公共部門の労働所得と資本所得の合計に一致する一般均衡条件を満たす必要がある。これに関しても、先に得られた公共部門の労働所得と資本所得の比率で、都道府県の財源を按分し、基準均衡における公共部門の都道府県別の労働所得と資本所得が確定する。ただし、地方政府の歳入の詳細については後述される。

(3) 中央政府と地方政府

　モデルにおいて、政府は1つの中央政府と47都道府県の地方政府が存在する。
　中央政府は、家計に対して所得税、利子所得税、消費税を徴収し、民間部門の企業に対して法人税を課税する。家計と企業のデータセットから、これらの

基準均衡における税収は確定している。平成8年度を基準均衡としているため、消費税の税収は5分の1が消費譲与税として地方政府に分配される。このときの分配基準は、『地方財政統計年報』の平成8年度「都道府県別消費譲与税額」から計算された配分パラメータC_Jを利用する。残りの消費税の税収の24％、所得税、利子所得税の国税分、法人税の税収の32％が地方交付税として地方政府へ分配される。このときの分配基準は、同資料の都道府県別に集計した「地方交付税交付額」から計算された配分パラメータC_Bを利用する。消費譲与税と地方交付税を差し引いた残りの税収は全て公共投資として都道府県の民間部門の需要となる。公共投資の配分基準については、『県民経済計算年報』の「公的」の「総固定資本形成」データを用いて配分パラメータC_Gとした。

地方政府は当該地方の住民である家計に対して住民税を賦課し、企業に対して事業税を課税する。これらの基準均衡における税収についても、先の家計と企業のデータセットより確定している。住民税は各地方政府の独自財源となるが、事業税については都道府県で集計された税収を分割基準によって分配されることで財源とする。事業税の分割基準は『地方財政統計年報』の平成8年度における都道府県別の「事業税収入額」データより作成された配分パラメータC_Lを利用する。地方政府はこの他に中央政府から消費譲与税と地方交付税を財源として、地方公共財の生産を行う。

(4) パラメータの設定

最後に家計と企業のパラメータを設定する。

家計のパラメータに必要な基準均衡における給与所得、所得税、住民税、労働保有量、利子所得、利子所得税、社会保障給付、実物資本保有量、消費額、貯蓄額のデータは全て確定している。ここでの目的はこれらを再現するような効用関数のパラメータを探し出すことにある。

はじめに効用関数（6-2）式の異時点間の代替の弾力性σと現在消費と将来消費のウェイト・パラメータαを設定する。現在消費の需要関数（6-6）式もしくは将来消費の需要関数（6-7）式を利用すれば、これら2つのパラメータを推定可能であるが、このような非線形方程式の同時推定は大変困難で

ある。そこで、橋本・上村（1997）などの先行研究と同様に$\sigma=0.2$に固定して各家計別にαを収束計算によって逆算した。次に、効用関数（6-1）式の合成消費と余暇の代替の弾力性εとウェイトパラメータβであるが、同じ理由で$\varepsilon=0.4$に固定し、各家計別に収束計算によってβを計算した。

次に、企業における生産関数のパラメータを設定する。企業のデータセットより、基準均衡における民間部門と公共部門の労働所得と、税込み資本所得もしくは税抜き資本所得が判明している。モデルでは生産関数にコブ・ダグラス型を想定しているから、分配パラメータδは労働所得を労働所得と（税込み）資本所得の合計で除算したものに等しい。効率パラメータϕに関しても、総需要＝総供給の条件を満たすために、労働投入と税抜き資本投入が総需要を生産するように設定することができる。ただし、ここで得られるδは都道府県内の民間部門と公共部門で等しく計算される。これは、企業のデータセットにおいて民間部門と公共部門で資本労働比率が等しいと仮定したためである。ただし、効率パラメータは異なる値をとるので、都道府県内では民間部門と公共部門で生産要素を同じ比率で投入しているが、生産の効率性は異なると解釈できよう。

以上の結果、作成されたデータセットである基準均衡を完全に再現する効用関数と生産関数のパラメータが設定できたことになる。

第3節　シミュレーションと分析結果

本章では、以上のようなモデルとデータを用いて、平成6年度から平成9年度にかけて実施された村山税制改革のシミュレーション分析をおこなった。村山税制改革においては、所得税・住民税の減税と消費税率の引き上げの陰に隠れた形で、地方消費税の創設という地方財政制度の改革が実施された。しかし、この改革は、一般にはほとんど関心を寄せられることがなかった。また、専門家の間でさえ、地方消費税は既存の消費譲与税をおきかえたものにすぎないという見方もあった。しかし、消費譲与税と地方消費税では、両者とも一旦国税当局が徴税し、それを各地方団体に再配分するという基本的構造は同じであっ

表6-1　村山税制改革による所得税・住民税の改正

	改革前	改革後
給与所得控除	給与収入　　　控除率 165万円以下　　40% 330　〃　　　　30 600　〃　　　　20 1,000　〃　　　10 1,000万円超　　5	給与収入　　　控除率 180万円以下　　40% 360　〃　　　　30 660　〃　　　　20 1,000　〃　　　10 1,000　〃　　　5
所得控除 (所得税)	人的控除　各35万円	人的控除　各38万円
所得控除 (個人住民税)	人的控除　各31万円	人的控除　各33万円
税率表 (所得税)	課税所得　　　限界税率 300万円以下　　10% 600　〃　　　　20 1,000　〃　　　30 2,000　〃　　　40 2,000万円超　　50	課税所得　　　限界税率 330万円以下　　10% 900　〃　　　　20 1,800　〃　　　30 3,000　〃　　　40 3,000万円超　　50
税率表 (個人住民税)	課税所得　　　限界税率 160万円以下　　5% 550　〃　　　　10 550万円超　　　15	課税所得　　　限界税率 200万円以下　　5% 700　〃　　　　10 700万円超　　　15

たとしても、その配分方法が変更されている。すなわち、消費譲与税が人口と従業員を配分基準として採用していたのに対して、地方消費税は、消費を配分基準として採用したのである。このような配分基準の変更は、直接的には各地方団体の税収配分を変更させることになり、間接的には税収配分の変化が、各市場の相互依存関係を通じて、各地方団体の各家計に異なる影響をもたらすことにつながる。

そこで、消費譲与税から地方消費税への移行を含めた村山税制改革が各地方団体、各家計に及ぼす影響についてシミュレーションを試みよう。改革前の基準時点としては、平成5年度時点の制度を利用した。改革後の時点としては平成9年度の制度を利用した。具体的には、**表6-1**のような改革前、改革後の制度のもとでの比較をおこなっている。ただし、平成9年度の5%ではネット

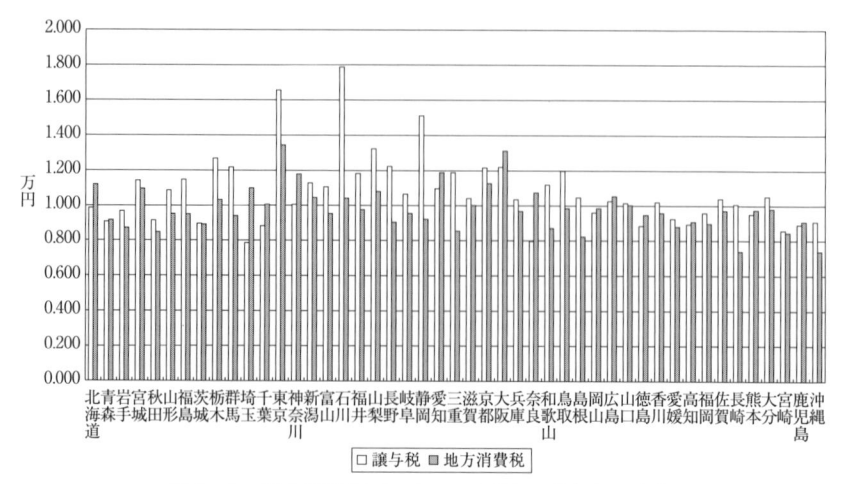

図6-1 配分基準変更による1人当たり税収額の変化

　で増税の影響が出てしまう。伝統的な差別的帰着分析のラインに沿うように等税収でこれらを比較するために、消費税の税率については、基準時点での税収を固定し、改革後時点で税収が同一となるように収束計算をおこなった[8]。

　まず、村山税制改革の全体的な効果をみる前に、地方財政改革の柱であった消費譲与税から地方消費税への移行が各都道府県にどのような影響を与えることになるかを示しておこう。これは、所得税・住民税制については平成9年度税制に固定し、消費譲与税から地方消費税への移行のみのシミュレーションをすることで分析できる。また、地方消費税の税収額は、現実の消費税が5％のときの税収ではなく、消費譲与税と総税収が等しくなるように収束計算をおこなった[9]。

　図6-1は、このような消費譲与税から地方消費税への移行が各都道府県に与える影響を人口1人当たりの税収額で比較したものである[10]。この図から

---

8) 平成5年税制と同一の税収を確保するならば、消費税の税率は4.144917％ですむ。
9) 消費税以外の制度は同一のために、地方消費税導入後に改革前と同一の税収を確保するのに必要な消費税の税率は2.999199％となり、消費譲与税のときの税率3％にほぼ等しくなる。
10) 人口には都道府県別人口を用いた。

表6-2　村山税制改革による生産量の変化

	民間財産業	公共財産業		民間財産業	公共財産業
北海道	0.48%	0.49%	滋賀	0.40%	−1.29%
青森	0.44%	1.67%	京都	0.45%	−1.35%
岩手	0.49%	0.85%	大阪	0.47%	−3.99%
宮城	0.49%	−1.56%	兵庫	0.54%	−1.71%
秋田	0.52%	0.80%	奈良	0.38%	2.13%
山形	0.50%	0.70%	和歌山	0.51%	−0.82%
福島	0.52%	−1.18%	鳥取	0.49%	0.35%
茨城	0.46%	−2.18%	島根	0.56%	0.58%
栃木	0.41%	−3.40%	岡山	0.50%	−1.30%
群馬	0.45%	−3.41%	広島	0.50%	−1.70%
埼玉	0.36%	0.91%	山口	0.45%	−0.67%
千葉	0.38%	−0.32%	徳島	0.47%	0.45%
東京	0.56%	−5.85%	香川	0.46%	−1.48%
神奈川	0.43%	−2.47%	愛媛	0.47%	−0.38%
新潟	0.50%	−0.45%	高知	0.49%	1.18%
富山	0.52%	−2.24%	福岡	0.47%	−2.36%
石川	0.49%	−3.85%	佐賀	0.51%	1.19%
福井	0.54%	−1.28%	長崎	0.48%	−0.53%
山梨	0.50%	−1.37%	熊本	0.45%	1.02%
長野	0.58%	−2.49%	大分	0.47%	0.27%
岐阜	0.47%	−1.65%	宮崎	0.53%	1.27%
静岡	0.46%	−6.31%	鹿児島	0.52%	1.24%
愛知	0.45%	−3.48%	沖縄	0.49%	0.95%
三重	0.48%	−2.90%	合計	0.48%	−1.98%

は、地方消費税への移行により各都道府県の影響がかなり異なることがわかる。地方消費税への移行により1人当たりの税収額が減少するのは、必ずしも大都市圏とは限らない。たとえば東京では減少しているが大阪では上昇している。地方都市でも石川、三重、長崎では1人当たりの税収がかなり減少する。これは、消費譲与税の配分が人口1人当たりでみたときにかなり偏った傾向を示しており、消費基準を採用した地方消費税がその偏りを是正する方向に働くことで説明できる。このことは、1人当たりの税収額を変動係数で測定すると消費譲与税が0.1841であるのに対して、地方消費税が0.1244となることでもあきら

かとなる[11]。

　消費譲与税への移行を含む村山税制改革は、家計、企業、政府の相互依存関係を通じていかなる影響を与えるのであろうか。**表6-2**は、村山税制改革前後について各都道府県別に民間財、公共財産業の生産量の変化をみたものである。民間財産業は税制改革により全ての都道府県で生産量が増加し、そのばらつきも小さいことがわかる。このことは、所得税・住民税の累進税率表の緩和が効率性の改善につながることを意味してる。一方、公共財産業については各都道府県によって異なる影響がみられる。これは、**図6-1**で示したような消費譲与税から地方消費税への移行による税収配分の変化が各都道府県の地方公共財の支出に直接的な影響を与えることで説明できる[12]。たとえば地方消費税への移行により税収配分が減少している東京、石川などで公共財産業の生産量の減少が生じているのである。

　最後に、村山税制改革による厚生分析をおこなったものが**表6-3**である。この表では、各都道府県ごとに年齢階級別の厚生水準の変化率と各都道府県、年齢階級別の厚生水準に分布をかけて集計し、都道府県別の厚生水準の変化率に直したものを提示している。年齢階級別に村山税制改革の効果をみると、各都道府県ともに収入の低い若い年齢層のところで厚生水準が悪化し、40歳代から50歳代の収入が高くなる年齢層で厚生水準の改善がみられる。これは、村山税制改革による所得税、住民税減税のメリットがより収入の高い家計に生じることで説明できる。各都道府県の比較では、家計の収入が高い大都市圏ほど厚生水準の改善する比率が高いことがわかる。これらの各年齢の厚生水準に『賃金センサス』の労働者数による分布をかけて集計した合計での厚生水準の変化を都道府県別にみると、東京、大阪などの大都市圏で厚生水準の改善がみられ、

---

11) 変動係数は、標準偏差を平均値で除したものであり、値が小さいほどデータのばらつきが小さいことを意味する。

12) ただし、本稿のモデルでは地方交付税の配分比率を固定していることに注意されたい。地方交付税の配分比率が基準財政収入に依存していることを考慮すれば、村山税制改革による所得税・住民税減税は、大都市圏の基準財政収入を減少させることになる。すなわち、ここで示した結果は大都市圏における基準財政収入の減少により相殺される可能性がある。

第6章　地方財政の一般均衡分析

表6－3　村山税制改革による都道府県別・年齢階級別厚生変化

	-20歳	20-24	25-29	30-34	35-39	40-44	45-49	50-54	55-59	60-64	65-	合計
北海道	-0.47%	-0.37%	-0.35%	-0.34%	0.22%	-0.25%	0.03%	0.04%	-0.25%	-0.38%	-0.44%	-0.14%
青森	-0.49%	-0.39%	-0.23%	-0.34%	-0.34%	-0.35%	0.16%	0.23%	-0.36%	-0.23%	-0.48%	-0.18%
岩手	-0.44%	-0.36%	-0.17%	-0.34%	-0.34%	0.16%	0.19%	0.24%	0.15%	-0.21%	-0.44%	-0.05%
宮城	-0.43%	-0.35%	-0.33%	0.20%	0.26%	0.05%	-0.22%	0.03%	-0.24%	-0.36%	-0.42%	-0.06%
秋田	-0.48%	-0.37%	-0.17%	-0.34%	-0.33%	0.17%	0.20%	0.23%	0.21%	-0.20%	-0.44%	-0.02%
山形	-0.45%	-0.36%	-0.24%	-0.33%	-0.33%	-0.15%	0.22%	-0.24%	0.15%	-0.21%	-0.46%	-0.14%
福島	-0.43%	-0.35%	-0.33%	0.02%	0.21%	0.25%	-0.24%	-0.01%	-0.24%	-0.36%	-0.41%	-0.06%
茨城	-0.43%	-0.18%	-0.35%	0.24%	0.04%	-0.23%	1.21%	-0.08%	-0.07%	-0.40%	-0.42%	0.13%
栃木	-0.44%	-0.38%	-0.36%	0.19%	-0.26%	0.05%	-0.25%	0.63%	0.02%	-0.39%	-0.25%	-0.03%
群馬	-0.42%	-0.19%	-0.36%	0.20%	0.26%	0.05%	0.06%	-0.24%	-0.27%	-0.40%	-0.42%	-0.05%
埼玉	-0.44%	-0.19%	-0.35%	0.21%	0.03%	-0.24%	0.28%	0.96%	0.04%	0.13%	-0.42%	0.13%
千葉	-0.43%	-0.19%	-0.37%	0.23%	0.03%	-0.25%	1.23%	0.96%	0.04%	0.13%	0.08%	0.31%
東京	-0.39%	-0.14%	0.19%	-0.21%	0.99%	-0.05%	-0.08%	-0.10%	-0.08%	-0.25%	0.18%	0.06%
神奈川	-0.41%	-0.16%	-0.34%	-0.23%	-0.21%	1.23%	-0.08%	-0.08%	1.30%	-0.29%	-0.43%	0.15%
新潟	-0.44%	-0.36%	-0.35%	-0.34%	0.19%	0.23%	-0.01%	0.04%	0.05%	-0.39%	-0.24%	-0.04%
富山	-0.44%	-0.36%	-0.34%	-0.11%	0.25%	-0.17%	0.06%	-0.10%	0.03%	-0.38%	-0.31%	-0.08%
石川	-0.42%	-0.36%	-0.34%	0.17%	-0.23%	0.05%	0.06%	-0.23%	-0.25%	-0.38%	-0.26%	-0.12%
福井	-0.40%	-0.34%	-0.33%	0.20%	0.27%	-0.23%	0.06%	0.07%	-0.24%	-0.38%	-0.41%	-0.05%
山梨	-0.44%	-0.19%	-0.35%	0.23%	-0.25%	-0.17%	-0.24%	0.96%	0.03%	-0.38%	-0.43%	-0.02%
長野	-0.44%	-0.36%	-0.35%	0.18%	0.11%	0.05%	0.06%	0.06%	-0.26%	-0.38%	-0.42%	-0.04%
岐阜	-0.43%	-0.31%	-0.35%	0.18%	0.25%	0.04%	0.06%	-0.15%	-0.11%	-0.40%	-0.41%	-0.04%
静岡	-0.42%	-0.18%	-0.34%	0.20%	-0.24%	0.07%	-0.23%	0.99%	0.03%	-0.39%	-0.26%	0.05%
愛知	-0.41%	-0.16%	-0.34%	0.26%	0.06%	-0.23%	1.25%	-0.08%	1.11%	0.19%	0.09%	0.29%
三重	-0.41%	-0.17%	-0.35%	0.20%	-0.25%	-0.22%	0.44%	1.28%	-0.04%	0.16%	-0.34%	0.19%
滋賀	-0.44%	-0.21%	-0.38%	0.19%	0.02%	-0.26%	1.21%	-0.12%	1.10%	-0.43%	-0.46%	0.25%
京都	-0.42%	-0.30%	-0.34%	0.23%	-0.24%	-0.22%	0.36%	1.28%	0.06%	0.16%	0.07%	0.23%
大阪	-0.43%	-0.17%	-0.33%	0.11%	0.09%	1.15%	-0.06%	-0.08%	-0.06%	0.21%	-0.40%	0.10%
兵庫	-0.42%	-0.18%	-0.35%	0.23%	0.05%	-0.22%	0.96%	1.28%	0.06%	0.20%	0.11%	0.35%
奈良	-0.45%	-0.19%	-0.36%	0.22%	-0.26%	0.06%	0.39%	0.66%	0.04%	-0.40%	-0.44%	0.08%
和歌山	-0.45%	-0.37%	-0.35%	0.16%	0.25%	0.07%	0.06%	-0.23%	-0.26%	0.13%	-0.41%	-0.05%
鳥取	-0.45%	-0.36%	-0.34%	-0.33%	-0.33%	0.18%	0.24%	-0.25%	0.22%	-0.20%	-0.43%	-0.06%
島根	-0.45%	-0.36%	-0.15%	-0.32%	-0.33%	0.18%	0.23%	0.23%	0.17%	-0.39%	-0.43%	0.00%
岡山	-0.42%	-0.35%	-0.33%	0.04%	0.22%	-0.08%	0.07%	0.06%	-0.26%	-0.37%	-0.40%	-0.05%
広島	-0.42%	-0.35%	-0.33%	0.19%	0.25%	0.06%	-0.22%	-0.03%	0.05%	-0.37%	-0.39%	-0.05%
山口	-0.45%	-0.36%	-0.34%	-0.34%	0.18%	-0.25%	0.03%	0.05%	-0.25%	-0.38%	-0.41%	-0.13%
徳島	-0.45%	-0.36%	-0.34%	-0.34%	0.24%	0.05%	0.05%	0.05%	-0.26%	-0.38%	-0.40%	-0.06%
香川	-0.43%	-0.36%	-0.35%	0.19%	0.24%	-0.22%	0.07%	0.08%	-0.26%	-0.38%	-0.25%	-0.05%
愛媛	-0.44%	-0.37%	-0.35%	-0.34%	0.18%	0.25%	-0.26%	0.03%	-0.25%	-0.38%	-0.42%	-0.12%
高知	-0.47%	-0.37%	-0.17%	-0.33%	-0.34%	0.20%	0.22%	-0.26%	0.21%	-0.36%	-0.42%	-0.07%
福岡	-0.43%	-0.35%	-0.33%	0.19%	0.25%	-0.24%	0.07%	-0.22%	-0.25%	-0.37%	-0.40%	-0.09%
佐賀	-0.44%	-0.36%	-0.15%	-0.32%	-0.31%	0.18%	-0.33%	0.24%	0.26%	-0.17%	0.24%	-0.10%
長崎	-0.51%	-0.39%	-0.18%	-0.36%	-0.36%	0.23%	-0.27%	0.02%	-0.27%	-0.39%	0.14%	-0.17%
熊本	-0.45%	-0.37%	-0.34%	-0.34%	-0.34%	0.19%	0.04%	-0.34%	0.21%	-0.34%	-0.43%	-0.08%
大分	-0.46%	-0.37%	-0.34%	-0.34%	-0.34%	0.22%	-0.26%	0.03%	0.22%	-0.36%	-0.41%	-0.13%
宮崎	-0.47%	-0.36%	-0.15%	-0.33%	-0.32%	-0.28%	0.24%	0.25%	-0.35%	-0.36%	-0.42%	-0.14%
鹿児島	-0.46%	-0.35%	-0.33%	-0.32%	-0.32%	0.22%	0.25%	-0.25%	0.21%	-0.19%	-0.22%	-0.06%
沖縄	-0.48%	0.18%	-0.38%	-0.34%	-0.34%	-0.35%	0.16%	0.21%	-0.36%	-0.25%	-0.51%	-0.18%
合計												0.07%

101

地方では厚生水準が悪化することがわかる。この都道府県別の厚生水準の変化を日本全体で集計すると、0.07%とわずかながら厚生水準が改善されることがわかった[13]。

第4節　むすび

最後に本章で残された課題について言及することでむすびに代えよう。

第1に、本章では国税、地方税ともに主要な税目しかモデルに組み込んでいない。わが国の国税、地方税を全て考慮したモデルを構築する必要があろう。

第2に、地方交付税制度において、交付額は基準財政収入と基準財政需要によって決定されるが、本章のモデルでは交付額を現状の配分比率で固定している。地方財政の改革について検討するには基準財政収入をモデルのなかに組み込むことで内生的に決定できる方が望ましい。

第3に、本章では人口移動を無視しているが、地域間の厚生水準の格差は地域間の人口移動をもたらす可能性がある。

第4に、本章で与えられたパラメータの感度分析も必要である。

これらの課題については今後の研究課題としたい。

[参考文献]

赤井伸郎（1997）「地方分権下における国の地方補助に関する理論分析―最適課税理論の地方補助制度への応用―」『日本経済研究』No.34, pp.61-88.

Ballard, C.L., D. Fullerton, J.B. Shoven and J. Whalley (1985), *A General Equilibrium Models for Tax Policy Evaluation*, The University of Chicago Press.

國崎稔（1991）「国庫支出金の厚生分析」『星陵台論集（神戸商科大学）』第24巻第1号.

橋本恭之・上村敏之（1995）「応用一般均衡分析の解説」『経済学論集（関西大学）』第45巻

13）村山税制改革の効果について、一般均衡モデルを用いて分析した橋本・上村（1997）では、全体としては厚生水準は悪化するという結論を得ている。この違いは、本稿のモデルが地方財政モデルであり、消費譲与税から地方消費税への移行が大都市圏に偏っていた減税のメリットを相殺する方向で作用することや、本稿のモデルの方がより細分化されたデータを使用していることから異なる結果が得られたものと考えられる。

第3号，pp.227-243.
橋本恭之・上村敏之（1997）「村山税制改革と消費税複数税率化の評価——一般均衡モデルによるシミュレーション分析—」『日本経済研究』No.34, pp.35-60.
橋本恭之（1998）『税制改革の応用一般均衡分析』関西大学出版部.
橋本恭之・上村敏之（1998）『地方財政の一般均衡分析』1998年度日本財政学会報告論文.
橋本恭之（2000）「地方交付税のシミュレーション分析」『総合税制研究』No.8, pp.112-134.
林宏昭（1996）「地方交付税制度の地域間再分配効果」『フィナンシャル・レビュー』第40号，pp.20-36.
本間正明（1982）『租税の経済理論』創文社.
市岡修（1991）『応用一般均衡分析』有斐閣.
Kyoji Hashimoto and T.Uemura (2000), "General Equilibrium Analysis of Japan's Tax Reform", *Kansai University Review of Economics*, No.2, pp.1-23.
高橋誠一（1993）「地域間応用一般均衡モデルの構築とそのシミュレーション」『経済と経営（北海道大学）』第24巻第1号, pp.21-43.

第 2 部

世代重複型応用一般均衡モデル

第7章　多部門世代重複モデルによる租税政策の分析

　本書の第1部では、静学的な数量的一般均衡モデルを用いた分析をおこなってきた。しかし、近年の税制改革に際しては、より長期的な観点から税制を構築する必要性が意識されてきた。たとえば、平成5年11月の「今後の税制のあり方についての答申においては、「①高齢化社会を支える勤労世代に過度に負担が偏らないようにするためには、世代を通じた税負担の平準化（個々人にとっては、ライフサイクルを通じた税負担の平準化）を図り、社会全体の構成員が広く負担を分かち合う税制を目指すべきではないか。②高齢化社会においても安定的な経済成長を持続させるためには、国民1人1人がその活力を十分発揮することのできる税制を目指すべきではないか。」という基本的な考え方が表明されている。

　本書の第2部では、このような長期的な視野から租税政策を評価するのに有用な多部門世代重複モデルを用いたシミュレーション分析について紹介する。この章では、多部門世代重複モデルへの理解を深めるために、3期間のパイロットモデルを構築することにした。

第1節　多部門世代重複型ライフサイクル一般均衡モデルの基本構造

　ライフサイクル一般均衡モデルとしては、Auerbach & Kotolikoff（1987）のモデルが有名である。わが国でのライフサイクル一般均衡モデルによるシミュレーション分析も基本的には彼らのフレームワークを踏襲したものと言える[1]。これらの既存のライフサイクル一般均衡モデルでは、家計については重複する世代が想定されているものの、企業部門については単部門モデルにとど

まっている。

　これに対して本章では、静学的な租税分析のための応用一般均衡モデルとして有名なShoven & Whalley（1992）タイプの一般均衡モデルを世代重複モデルに拡張することにした。従来のモデルが定常状態における市場均衡条件を利用して、まず定常状態における均衡解を求めるものであったのに対して、本章のモデルの特徴は毎期ごとの市場均衡をアルゴリズムを利用して計算し、消費や資本といった変数が人口1人当たりでみて一定となる定常状態に到達するまで、計算を繰り返すというものである。この手法により、生産部門の多部門化や、複数年次にわたる税制改革を移行過程における税制パラメータの変更として捉えることなどが可能になる。本章のモデルでは、経済には生涯の所得系列が異なる複数の世代が重複し、これらの世代の生涯にわたっての効用最大化行動の結果として決定される各期の総消費水準や総貯蓄水準は生産部門を通じて経済成長率に影響を与えることになるのである。

　本章の目的は、第2部においてみていく、多部門世代重複型のライフサイクル一般均衡モデルの基本構造をあきらかにすることである。

(1) モデル

　まず、各世代の家計のライフサイクルの効用水準 U は、各年齢 s 歳時の消費水準 C_s に依存するものと考えて、ライフサイクルの効用関数を以下のように特定化した。

$$U = \sum_{s=1}^{3} (1+\delta)^{-(s-1)} \frac{C_s^{1-\frac{1}{\gamma}}}{1-\frac{1}{\gamma}} \quad (7\text{-}1)$$

　ここで、C_s は s 歳時点の消費量、γ は異時点間の代替の弾力性である。なお、煩雑化を防ぐため、世代に関する添字は省略している。

　各世代のライフサイクル全体での予算制約式（現在価値制約式）は、以下のように定式化できる。

1）代表的な研究としては、本間・跡田・岩本・大竹（1987）が存在する。

$$\sum_{t=1}^{3} q_1 C_1 + \frac{q_2 C_2}{(1+r)} + \frac{q_3 C_3}{(1+r)^2} = (1-t_y)w_1 \overline{L}_1 + \frac{(1-t_y)w_2 \overline{L}_2}{(1+r)} \tag{7-2}$$

ここで、w は賃金率、r は利子率、q は税込み合成消費財価格、t_y は所得税の税率、$\overline{L}$ は労働供給量である。各世代は 3 期目には退職するとした。なお、煩雑化を避けるため、世代に関する添字は省略している。

（7-2）式の制約のもとで（7-1）式を最大化すると

$$C_{s+1} = \left(\frac{1+r_s}{1+\delta}\right)^{\gamma} \left(\frac{q_s}{q_{s+1}}\right)^{\gamma} C_s \tag{7-3}$$

が得られる。

なお、（7-1）式の家計の効用関数には weak separability を仮定し、個別消費財について以下のようなコブ・ダグラス型の効用関数を想定する。

$$C_s = \prod_{j=1}^{10} X_{js}^{\lambda j} \quad (j = 1, \cdots, 10) \tag{7-4}$$

ここで、X_{js} は s 期の第 j 個別消費財であり、λ_j は第 j 個別消費財のウェイト・パラメータである。

s 期の各家計の個別消費財に関する制約条件は、

$$q_s C_s = \sum_{j=1}^{10} (1+t_c) p_{js} X_{js} \tag{7-5}$$

となる。ただし、t_c は消費税の税率、p_j は s 期の個別消費財の価格である。

（7-5）式を制約条件として、（7-4）式を最大化すると、以下のような個別消費財の需要関数が得られる。

$$X_{js} = \frac{\lambda_j q_s C_s}{(1+t_c) p_{js}} \tag{7-6}$$

ただし、X_{js} は s 期の第 j 個別消費財の需要である。

（7-4）（7-5）（7-6）式を用いれば、s期の個別消費財価格とs期の消費財価格の間には以下の関係が成立することがわかる。

$$p_s = \prod_{j=1}^{10} \left\{ \frac{(1+t_c) p_{js}}{\lambda_j} \right\}^{\lambda_j} \tag{7-7}$$

［生産部門］

生産Qを産出する第j（$j=1, \cdots, 12$）生産者に関しては、

$$Q_j = \Phi_j L_j^{d_j} K_j^{(1-d_j)} \quad (j=1, \cdots, 12) \tag{7-8}$$

のような2種類の生産要素（資本Kと労働L）を投入するコブ・ダグラス型の生産関数が想定されている。ここで、Φは効率パラメータ、δは分配パラメータを示している。モデル上、消費財を生産する消費財産業なるものが存在するとし、10個の消費財を生産すると想定する。さらに、第11産業は公共財産業、第12産業は投資財産業を示している。なお、以下では煩雑化を避けるために、時間に関する添字を省略する。

第j産業の産出1単位当たりの費用最小化要素需要を求めると以下のようになる。

$$\frac{L_j}{Q_j} = \frac{1}{\Phi_j} \left[\frac{d_j(1+t_k)r}{(1-\alpha_j)w} \right]^{(1-\alpha_j)} \quad (j=1, \cdots, 12) \tag{7-9}$$

$$\frac{K_j}{Q_j} = \frac{1}{\Phi_j} \left[\frac{(1-\alpha_j)w}{d_j(1+t_k)r} \right]^{\alpha_j} \quad (j=1, \cdots, 12) \tag{7-10}$$

ただし、t_kは資本税の税率である。これらを用いれば、利潤ゼロ条件により生産者財価格pを要素価格の関数として表すことができる。

$$p_j = w \frac{L_j}{Q_j} + (1+t_k) r \frac{K_j}{Q_j} \quad (j=1, \cdots, 12) \tag{7-11}$$

［政府部門］

s 期の政府の総税収 TR_s は、以下の式で示される。

$$TR_s = t_k \sum_{j=1}^{12} K_{sj} + t_y w_s(N_{s+1}\overline{L}_{s+1,2} + N_{s+2}\overline{L}_{s+2,1})$$
$$+ t_c p_s(N_s C_{s,3} + N_{s+1} C_{s+1,2} + N_{s+2} C_{s+2,1}) \quad (s = 1, \cdots, \infty) \tag{7-12}$$

政府の総税収は全て公共財の購入に充てられるとすると

$$p_{11} Z_{11} = TR_s \tag{7-13}$$

が成立する。ただし、p_{11} は公共財価格、Z_{11} は公共財需要量である。

[市場均衡]

s 期の第 j 消費財の需要量 Z_{js} は、重複する3つの世代、$s+1$、$s+2$、$s+3$ 世代のそれぞれ第3、2、1歳時における第 j 個別消費財の需要量に各世代の人口をかけて合計したものとなる。

$$Z_{js} = N_{s+1} X_{s+1,3,j} + N_{s+2} X_{s+2,2,j} + N_{s+3} X_{s+3,2,j} \quad (s=1, \cdots, \infty) \tag{7-14}$$

ただし、N_s は各世代の S 歳時の人口である。

s 期の消費財市場には以下の関係が成立する。

$$Q_{js} = Z_{js} \quad (j = 1, \cdots, 10) \tag{7-15}$$

また、各世代の前期の貯蓄が次の期の資本ストックとなるとすると、

$$\overline{K}_s = S_{s+1,2} + S_{s+2,1} \quad (s=1, \cdots, \infty) \tag{7-16}$$

が成立する。ただし、$\overline{K}_s$ は s 期の資本供給量、$S_{s+1,2}$ は $s+1$ 世代の2歳時の貯蓄残高、$S_{s+1,1}$ は $s+1$ 世代の1歳時の貯蓄残高である。

s 期の公共財市場での均衡条件は、

$$Q_{11s} = Z_{11s} \quad (s=1, \cdots, \infty) \tag{7-17}$$

また、s 期の投資財市場の均衡条件は、

$$Q_{12s} = Z_{12s} \quad (s = 1, \cdots, \infty) \tag{7-18}$$

となる。これらの s 期の各財の生産量を単位当たり要素需要関数に代入することで、各要素派生需要がわかるので、労働及び資本の集計的超過要素需要関数 ρ_l、ρ_k は

$$\rho_l = \sum_{j=1}^{12} L_j - (\overline{L}_{S+2,2} + \overline{L}_{S+3,1}) \quad (s = 1, \cdots, \infty)$$

$$\rho_k = \sum_{j=1}^{12} K_{js} - \overline{K}_s \quad (s = 1, \cdots, \infty)$$

　周知の通り、Walras 一般均衡モデルの均衡は全ての財と要素の超過需要がゼロか負となるところで成立する財価格、要素価格の組合せとして定義される。しかしながら（7-11）式によって財価格は生産要素である労働と資本の価格に集約され、解空間の次元を生産要素の数である2次元にまで縮小することができる。すなわち、Walras 法則は以下の如く簡略化できる。

$$w\rho_l + r\rho_k = 0$$

　需要関数と供給関数は要素価格と税収に関してゼロ次同次であるので、一般均衡価格は

$$w + r = 1$$

となるように価格を正規化したうえで、超過需要関数を全てゼロにするような w、r の組合せとして求められることになる。

(2) シミュレーションの方法

　上記のモデルを用いたシミュレーションの具体的な手順は以下のように説明できる。

　ステップ1　第1世代の第3期を期間　$t = 0$ に設定
　ステップ2　t 期の各世代の初期値を設定

第1世代第2期の貯蓄　　$S(1,2)$
第2世代第1期の貯蓄　　$S(2,1)$
$t=0$ 期の総資本供給　　$K_S = S(1,2) + S(2,1)$
総労働供給　　$L_S = \bar{L}(2,3) + \bar{L}(3,1)$

ステップ3　w, r の初期値（$w = 1$ に基準化）
ステップ4　1単位当たり要素需要関数
$$L/Q = L/Q(w, r, 1)$$
$$K/Q = K/Q(w, r, 1)$$
ステップ5　消費者価格 p
$$p = w \cdot (L/Q) + r \cdot (K/Q)$$
ステップ6　各世代の生涯所得、生涯消費を計算
ステップ7　t 期の総消費、総投資を合計し、総生産 Q = 総需要を求める
ステップ8　労働総需要 LD、資本総需要 KD を計算
$$LD = (L/Q) \cdot Q$$
$$KD = (K/Q) \cdot Q$$
ステップ9　資本市場と労働市場の超過需要
$$e1 = KD - \bar{K}_S$$
$$e2 = LD - \bar{L}_S$$
ステップ10　メリルアルゴリズムにより w、r を変化
ステップ11　超過需要が収束条件を満たさない場合はステップ4に戻る
ステップ12　$t = t+1$ としてステップ4に戻る

(3) パラメータの設定

　本章でのシミュレーションに必要なパラメータは、以下のように設定した。まず**表7-1**には、第1世代、第2世代、第3世代の所得と貯蓄残高についての初期値がまとめられている。シミュレーションのスタート時点では、第1世代は第3期時点に達しており、第2世代は第2期に達している。第3世代のみがスタート時点に第1期から市場に参入することになる。

　表7-2は、本章で想定した12の産業の生産関数のパラメータをまとめたも

表7-1 シミュレーションにおける初期値

		第1期	第2期	第3期
貯蓄	第1世代	−	163	−
	第2世代	42	−	−
	第3世代	−	−	−
所得	第1世代	−	−	0
	第2世代	−	591.993	0
	第3世代	476.7340	606.1610	0

表7-2 生産関数のパラメータ

	消費財産業	SNAの産業	δ	ϕ
1	食料	食料品	0.497	2.000
2	住居	不動産業	0.035	1.164
3	光熱・水道	電気・ガス・水道業	0.331	1.887
4	家具・家事製品	その他の製造業	0.660	1.899
5	被服及び履き物	その他の製造業	0.660	1.899
6	保健医療	サービス業	0.555	1.988
7	交通・通信	運輸・通信業	0.913	1.343
8	教育	サービス業	0.555	1.988
9	教養娯楽	サービス業	0.555	1.988
10	その他の消費支出	サービス業	0.555	1.988
11	公共財	政府サービス生産者	0.508	2.000
12	投資財	一般機械	0.814	1.617

出所：橋本・上村（1996）。

表7-3 個別消費パラメータ：λ

食料	0.24128924
住居	0.06134675
光熱・水道	0.05850407
家具・家事製品	0.03865924
被服及び履き物	0.06349149
保健医療	0.02908279
交通・通信	0.09789420
教育	0.04702852
教養娯楽	0.09900851
その他の消費支出	0.26369518

出所：平成6年『家計調査年報』より作成。

のである。このパラメータには、橋本・上村（1996）の値をそのまま使用した。
表7-3は、個別消費のパラメータをまとめたものである。これは、『家計調査年報』の10大消費項目のシェアを利用したものである。さらに（7-1）式の異時点間の効用関数のパラメータについては$\gamma = 0.3$、$\delta = 0.01$と設定した。

第2節　分析の結果

第1節で、構築したモデルに現実のデータを適用し、効用関数や生産関数のパラメータを設定すると、多世代多期間の世代重複モデルにおけるシミュレーション分析が可能になる。ただし、より現実的なモデルとして、例えば23歳から80歳までの各年齢の異なる世代が重複していると想定した場合には58世代の重複モデルとなり、適用すべきデータは膨大なものとなり、シミュレーションに要する計算時間もかなりのものとなる。

そこで、本章では上記のモデルの有用性を示すために、パイロットモデルとして3期間の世代重複モデルによるシミュレーション分析をおこなうことにした。

(1)　基準ケース

表7-4は、基準ケースでのシミュレーション結果を提示したものである。基準ケースでは、人口成長率1％、所得税率$t_y = 0.2$、消費税率$t_c = 0.03$、資本税率$t_k = 0$としている。この表では、各期の超過需要関数はほぼゼロに収束していることがわかる。相対価格は、スタートから5期間を経過すると小数点以下2桁までは同じ値をとっている。一方、総消費、総資本などの各変数は、15期間に至るまで徐々に増加を継続していることがわかる。これは人口成長率を1％と想定したためである。定常状態に到達したかどうかは、この各変数の増加率が人口成長率と等しくなる水準で安定するかどうかで判定できる。

そこで、総消費の増加率を描いたものが図7-1である。この図からは、初期時点では2％を超えていた総消費の増加率が徐々に1％の水準に収束し、その後は一定となることが読み取れる。本章のモデルは、生産関数における技術

表7-4 基準ケースの数値例：人口成長率1％、$t_y=0.2$　$t_c=0.03$

期間	r/w	総消費	総資本	総所得	総税収	超過需要（e1、e2）	
						e1	e2
0	4.53	113.80	205.40	2014.80	269.07	−0.000001	0.000003
1	4.52	116.30	210.30	2060.30	275.22	−0.000001	0.000006
2	4.41	119.20	218.20	2083.20	278.18	−0.000001	0.000005
3	4.39	120.70	221.60	2104.30	280.98	0.000000	0.000000
4	4.38	122.20	224.50	2125.60	283.81	−0.000001	0.000006
5	4.37	123.40	227.00	2146.90	286.65	0.000000	0.000002
6	4.37	124.70	229.40	2168.40	289.52	−0.000001	0.000002
7	4.37	126.00	231.70	2190.10	292.42	−0.000002	0.000008
8	4.37	127.20	234.00	2212.00	295.34	0.000000	0.000001
9	4.37	128.50	236.40	2234.10	298.29	0.000000	0.000001
10	4.37	129.80	238.80	2256.50	301.28	−0.000001	0.000003
11	4.37	131.10	241.10	2279.00	304.29	−0.000001	0.000006
12	4.37	132.40	243.60	2301.80	307.33	0.000000	0.000001
13	4.37	133.70	246.00	2324.80	310.41	0.000000	0.000001
14	4.37	135.10	248.50	2348.10	313.51	0.000000	0.000001
15	4.37	136.40	250.90	2371.60	316.65	−0.000001	0.000003

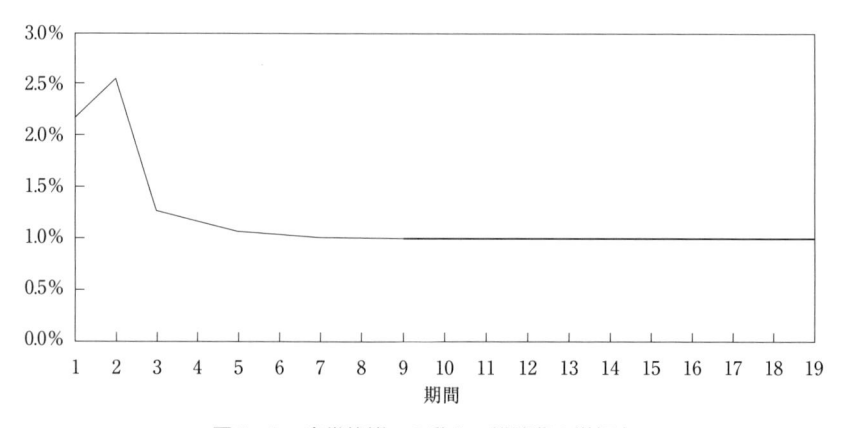

図7-1　定常状態への動き：総消費の増加率

進歩が存在しない場合の新古典派の成長モデルに対応したものであり、経済成長率は人口成長率にのみ依存して決まることになるわけだ。

(2) 均斉成長経路

次に、この基準ケースから税体系が変化した場合の分析方法を示そう。このモデルを使用すれば、例えば、所得税体系から消費税体系への移行による影響を分析できる。本章のような動学的なモデルにおける税制の比較の際には、静学的なモデルとは異なる基準での比較が必要となる。その基準は、動学的租税帰着の際に用いられる均斉成長経路における比較である。

具体的には、政府は毎期1人当たり政府支出が一定になるように公共財を供給するものとし、消費税率は財政収支が毎期均衡するように内生的に調整されるものとした。

以下では、ケース1：所得税、消費税の併用、ケース2：所得税廃止、消費税増税の2つのシミュレーションを試みた。ケース1では、基準年次での1人当たりの政府支出を固定するように、消費税率を内生的に毎年調整している。表7-5をみるとわかるように、この場合には、人口成長率1％の想定のもと

表7-5　ケース1：所得税、消費税併用のシミュレーション

期間	r/w	総消費	総資本	所得	1人当たり政府支出	消費税税率
0	4.530	113.798	205.420	2014.759	42.25403	.03000
1	4.520	116.508	210.271	2060.016	42.25403	.02784
2	4.409	119.704	218.240	2082.764	42.25403	.02583
3	4.386	121.271	221.593	2103.764	42.25403	.02544
4	4.373	122.732	224.550	2125.024	42.25403	.02520
5	4.368	124.040	227.043	2146.333	42.25403	.02512
6	4.366	125.317	229.425	2167.827	42.25403	.02508
7	4.365	126.584	231.762	2189.517	42.25403	.02507
8	4.365	127.856	234.098	2211.417	42.25403	.02506
9	4.365	129.137	236.446	2233.533	42.25403	.02506
10	4.365	130.429	238.813	2255.869	42.25403	.02506
11	4.365	131.734	241.202	2278.428	42.25403	.02506
12	4.365	133.051	243.615	2301.212	42.25403	.02506
13	4.365	134.382	246.051	2324.224	42.25403	.02506
14	4.365	135.726	248.512	2347.467	42.25403	.02506
15	4.365	137.083	250.997	2370.941	42.25403	.02506
16	4.365	138.454	253.507	2394.651	42.25403	.02506
17	4.365	139.838	256.042	2418.597	42.25403	.02506

表7-6 ケース2：所得税廃止、消費税体系への移行のシミュレーション

期間	r/w	総消費	総資本	総所得	1人当たり政府支出	消費税税率
0	4.431	111.142	205.420	1994.346	42.25403	.15814
1	3.735	126.016	250.602	2045.618	42.25403	.14006
2	3.360	136.842	284.270	2075.750	42.25403	.12981
3	3.253	141.224	297.422	2099.228	42.25403	.12690
4	3.210	143.942	304.814	2121.558	42.25403	.12569
5	3.195	145.839	309.422	2143.226	42.25403	.12528
6	3.190	147.471	313.110	2164.835	42.25403	.12513
7	3.188	149.009	316.456	2186.546	42.25403	.12507
8	3.187	150.522	319.700	2208.436	42.25403	.12505
9	3.187	152.036	322.927	2230.529	42.25403	.12504
10	3.187	153.560	326.167	2252.837	42.25403	.12504
11	3.187	155.096	329.432	2275.367	42.25403	.12504
12	3.187	156.648	332.728	2298.121	42.25403	.12504
13	3.187	158.214	336.056	2321.102	42.25403	.12504
14	3.187	159.797	339.417	2344.313	42.25403	.12504
15	3.187	161.395	342.811	2367.756	42.25403	.12504
16	3.187	163.009	346.239	2391.434	42.25403	.12504
17	3.187	164.639	349.702	2415.348	42.25403	.12504

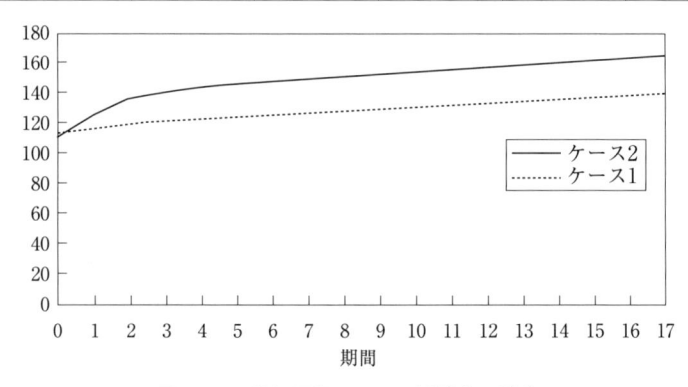

図7-2　移行過程における総消費の推移

で毎年所得の上昇に伴い所得税収が増大するため、消費税率の引き下げが可能となっている。一方、**表7-6**では、所得税を廃止した場合にケース1と同じ1人当たりの政府支出を確保するのに必要な消費税率の引き上げがスタート時

点で必要となる。そのため消費税のスタート時点での税率が約15.8%となっていることに留意されたい。ただし、この消費税率もその後の経済成長に伴い徐々に引き下げが可能となる。

　これらの2つのケースによる消費の水準への影響を比較したものが図7-2である。図からは、スタート時点では、所得税体系から消費税体系への移行が総消費の低下をもたらすものの、その後はより高い消費水準を達成していることがわかる。本章の効用関数は各期の消費にのみ依存するため、消費水準は厚生水準の違いと読み替えることができる。すなわち、消費税体系への移行がより高い厚生水準を達成する可能性を示唆しているわけだ。

第3節　むすび

　本章では、3期間のパイロットモデルを用いて、租税政策の効果をみてきた。本章のシミュレーションから得られた政策的インプリケーションは以下のようにまとめることができる。

　第1に、所得税体系から消費税体系への移行が、税制改革当初は、社会的な厚生を低下させるとしても、定常状態においてはより高い厚生水準を達成できる。ただし、この結論は3期間のパイロットモデルによる結論である。

　第2に、定常状態に達するまでは、3期間モデルにおいて17期間を要していることから、1期間を約20年と考えると定常均衡に至るまでは、300年以上の時間が必要となることがわかった。動学モデルによる理論分析やシミュレーション分析では、基準時点での定常状態と、租税政策変更後の定常状態を比較する手法が採られてきた。しかし、現実の世界では、300年以上に期間にわたって政策が固定されているケースはありえない。理論上の概念である定常状態の分析よりも移行過程における厚生分析の方がより重要であることを示唆しているわけだ。

　最後に本章で残された課題についてまとめることとしよう。

　第1に、本章では多部門多期間の世代重複モデルのパイロットモデルとして、3期間の世代重複モデルを構築したが、より現実的なシミュレーションのため

には、さらに多期間のモデルへの拡張が不可欠である。その拡張は第8章、第9章のモデルでおこなうこととする。第2に、本章での税制は、比例所得税と消費税しか存在しない。現実の所得税は、超過累進型の非線形所得税である。税制をより現実的なものにおきかえる必要がある。この拡張についても第8章、第9章で扱われている。

第3に、本章では簡略化のために純粋なライフサイクルモデルを想定し、各家計は遺産を残さないことになる。しかし、現実にはほとんどの家計が何らかの理由で遺産を残している。ライフサイクルモデルにおいて遺産を取り扱うためには、効用関数の中で明示的に遺産を取り扱うか、意図せざる遺産を考慮して死亡確率の導入などが必要となる。本章の第8章では遺産を残すこと自体に喜びを感じるタイプの遺産動機を考慮したモデルが提示されることになる。

[参考文献]

Auerbach, A.J. and L.J. Kotolikoff (1987), Dynamic fiscal policy, Cambridge.

Ballard, C.L., D. Fullerton, J.B. Shoven and J. Whalley (1985), *A General Equilibrium Models for Tax Policy Evaluation*, Chicago University of Chicago Press.

橋本恭之・林宏昭・跡田直澄(1991)「人口高齢化と税・年金制度―コーホート・データによる制度改革の影響分析」『経済研究』第42巻第4号, pp.330-340.

橋本恭之・上村敏之(1995)「応用一般均衡分析の解説」『経済学論集(関西大学)』第45巻第3号, pp.65-81.

橋本恭之・上村敏之(1996)『一般均衡モデルによる税制改革の分析―最適課税モデルによるシミュレーション―』1996年9月22日理論計量経済学会報告.

本間正明・跡田直澄・岩本康志・大竹文雄(1987)「ライフサイクル成長モデルによるシミュレーション分析―パラミターの推定と感度分析―」『大阪大学経済学』Vol.36, No.3・4, pp.99-109.

市岡修(1988)『応用一般均衡分析』有斐閣.

Shoven, J.B. and J. Whalley (1992), *Applying General Equilibrium*, Cambridge University Press, (小平裕訳(1993)『応用一般均衡分析:理論と実際』東洋経済新報社).

第8章　世代重複モデルによる相続税のシミュレーション分析

　第7章では、長期的な視野から税制改革を評価するための多部門世代重複モデルの基本モデルを提示した。本章の世代重複モデルは、第7章のモデルに重複する世代間での所得移転として相続税を組み込んだものである。ただし、生産部門は1部門に簡略化した。各世代は、市場に参加する時点で遺産を受け取り、死亡時点において遺贈をおこなうものとした。世代重複モデルにおける遺産の発生の取り扱い方には、いくつかの方法が存在する。親の世代が子どもの世代の効用に関心を持つケースや、寿命の不確実性ゆえに意図せざる遺産が発生するケース、親の世代が遺産を残すこと自体に喜びを感じると想定するケースが存在する。本章では、このうち親の世代が遺産を残すこと自体に喜びを感じると想定してモデルを構築することにした。この場合には、親が遺産を残すことは、子どもが喜ぶからではなく自らの信念にもとづいて行動した結果となる。本章では、以上のような構造を持つ世代重複モデルにおいて相続税のシミュレーション分析を試みることにした。

第1節　高齢化社会における財源調達

　高齢化の進展とともに、財政需要が増大することは避けられない。行財政改革を断行する必要があることは言うまでもないとしても、歳出削減だけでは財政収支が均衡しないことはあきらかである。近い将来に何らかの増税が避けられないとしたとき、果たしてどこに財源を求めるべきなのであろうか。高齢化社会の財源としては、消費税率の引き上げを主張する意見がみられる。しかし、消費税率の引き上げは、短期的な観点からは消費を抑制し、景気を後退させる

ものとして反対も多い。長期的にも、あまりにも高すぎる消費税率は、負担の逆進性ゆえに、課税後の所得分配状況を悪化させることになる。一方、所得税の増税も勤労意欲を阻害し、日本経済の活力を奪うものという批判がある。高齢化社会は、ストック化社会でもある。年齢別にみると資産保有額は、一般に高齢者の方が多く、しかも高齢者間での格差も大きい。消費税の税率引き上げを抑制するために、資産課税を強化すべきであろう。

　高齢化社会において、資産課税特に相続税の重要性が相対的に高まる。わが国でも資産形成の大部分は、本人の努力よりむしろ相続贈与などにより形成されている可能性が高い。さらに近年の少子化は、双方の両親からの相続の可能性を高めることになる。最近の税制改革の流れは、高齢化社会における若い世代の税負担の増加を避けるために、フローへの課税である所得税を減税する形でおこなわれてきた。このような改革は最終的な資産格差をさらに拡大することにつながるであろう。所得税や消費税に比べて、相続税の利点は効率性の及ぼす悪影響が少ないと考えられる点である。そこで、本章では、シミュレーション分析を通じて、主として相続税が経済成長率にどのような影響を与えるかをあきらかにしたい。

第2節　世代重複モデルの構築

　この節では、分析に用いた世代重複モデルの構造を説明しよう。本章のモデルは、家計、企業政府の経済主体から構成されている。各経済主体の行動を説明したうえで、市場均衡についての構造を説明することにしよう。

(1)　家計行動

　まず、各世代は、ライフサイクル的な視点を持つ代表的家計の行動で説明されるものと想定する。各世代について代表的家計のライフサイクルの効用水準は、各年齢 s 歳時の世帯の1人当たりの消費量 C_s と遺産額 B に依存するものと考えて、ライフサイクルの効用関数を以下のように特定化した。

$$U = \beta \sum_{s=1}^{T} (1+\delta)^{-(s-1)} \frac{C_s^{1-1/\gamma}}{1-\frac{1}{\gamma}} + (1-\beta)(1+\delta)^{-(T-1)}(1-\tau)\frac{B^{1-1/\gamma}}{1-\frac{1}{\gamma}} \qquad (8\text{-}1)$$

ここで、δ は時間選好率、γ は異時点間の代替の弾力性、β は遺産についてのウェイト・パラメータ、τ は相続税率である。なお、煩雑化を避けるために世代についての添字は省略している。各世代のライフサイクル全体での予算制約式（現在価値制約式）は、以下のように定式化できる。

$$\sum_{s=1}^{3} \frac{(1+t_c)p_s C_s}{(1+r)^{t-1}} + \frac{B}{(1+r)^2} = \sum_{s=1}^{2} \frac{(1-t_y)wL_s}{(1+r)^{t-1}} + (1+\tau)H \qquad (8\text{-}2)$$

ここで、w は賃金率、L_s は L 期の労働供給量、C_s は s 期の消費量、p_s は s 期の消費財価格、t_c は消費税率、t_y は所得税率、r は利子率、H は各世代が期首に受け取る遺産額である。

（8-2）式の制約のもとで（8-1）式を最大化すると

$$C_{s+1} = \left(\frac{1+r}{1+\delta}\right)^{\gamma} \left(\frac{q_s}{q_{s+1}}\right) C_s \qquad (8\text{-}3)$$

が得られる。ただし、q は税込み消費価格であり $q = (1+t_c)p$ という関係が成立する。

なお、各家計は税込み消費財価格 q_s、労働価格 w、資本価格 r の全てが将来にわたって継続するという静学的な予想形成のもとで行動するものと想定する。この場合、移行期間においては、結果として静学的な予想形成がはずれるために、各世代は毎期前期末の貯蓄残高を所与として残りの生涯の消費計画を立て直すものとした。すなわち、各世代は第1期以外について前期末の貯蓄残高を所与として残りの生涯の消費を最大化するように行動する。

なお、任意の h 期における各家計の貯蓄残高は、

$$S_h = (1+r_h)S_{h-1} + (1-t_y)w_h \overline{L}_h - q_h C_h \qquad (8\text{-}4)$$

となる。なお、各世代の最終期における貯蓄残高は、2世代後の世代に遺産と

して相続されるものと仮定した。したがって、任意の h 期における各家計のフローの貯蓄 $\triangle S_h$ は、

$$\Delta S_h = S_h - S_{h-1} \tag{8-5}$$

となる。

(2) 企業行動

次に、生産に関しては代表的な企業が次のようなコブ・ダグラス型の生産関数を持つものと想定した。すなわち、生産量を Y、L を労働投入、K を資本投入とすると

$$Y = \Phi L^{\alpha} K^{(1-\alpha)} \tag{8-6}$$

が想定されている。ここで、Φ は効率パラメータ、α は分配パラメータを示している。

この代表的企業の産出1単位当たりの費用最小化要素需要を求めると以下のようになる。

$$\frac{L}{Y} = \frac{1}{\Phi}\left[\frac{\alpha}{(1-\alpha)} \cdot \frac{r}{w}\right]^{(1-\alpha)} \tag{8-7}$$

$$\frac{K}{Y} = \frac{1}{\Phi}\left[\frac{(1-\alpha)}{\alpha} \cdot \frac{w}{r}\right]^{\alpha} \tag{8-7}'$$

これらを用いれば、利潤ゼロ条件により消費財価格 p を要素価格の関数として表すことができる。

$$p = w\frac{L}{Y} + r\frac{K}{Y} \tag{8-8}$$

(3) 政府行動

政府は、所得税、消費税、相続税からなる総税収を公共財の購入に充てるものとする。第 h 期における政府の総税収は TR_h は、以下の式で示される。

$$TR_h = \sum_{i=h+1}^{h+3} N_{ih} t_c q_h C_{ih} + \sum_{i=h+1}^{h+3} N_{ih} t_y w_h L_{ih} + \tau H_h \quad (h = 0, \cdots, \infty) \quad (8\text{-}9)$$

ここでNは第i世代のh期の人口である。この式は政府の一般会計の歳入が、第h期において第$h+1$世代から第$h+3$世代までの世代から徴収した消費税の税収、第$h+1$世代から第$h+3$世代までの給与所得税収、そして第h期に第$h+2$世代が支払う相続税の税収から構成されることを意味する。ここでh期の遺産相続額は以下のように定式化される。

$$H_h = N_{h-2,3} S_{h-2,3}$$

すなわち、2期前の世代の死亡時点での貯蓄残高に死亡者数をかけたものがh期に発生する遺産額となる。この世代間の遺産相続の関係を図示したものが**図8-1**である。たとえば第0期において2期前の世代から遺産を受け取るのは第2世代となる。この第2世代には初期値として与えられる貯蓄残高と課税後の遺産額の合計額が、初期の貯蓄残高として与えられることになる。

(4) 市場均衡

本章のモデルでは、0期から定常状態に至るまでの全ての期間について市場均衡を成立せるような、wとrを計算することになる。まず、消費財市場、公共財市場、投資財市場の均衡から説明しよう。

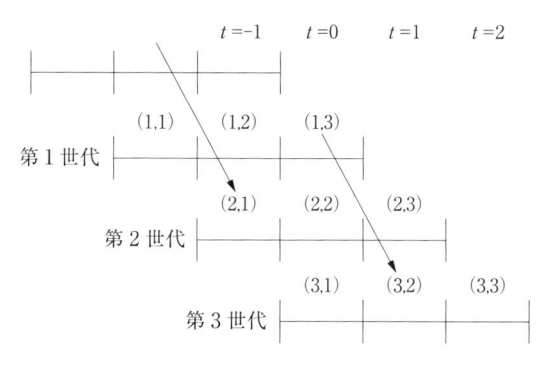

図8-1　遺産相続の関係

消費財市場においては、各期での家計の消費財の需要量を満たす消費財が代表的企業によって生産されるものとする。たとえば、第 h 期の消費財の総需要量 X_h は、重複する第 $h+1$ 世代から第 $h+3$ 世代までの各年齢時点の消費財の需要量に各世代の人口をかけて合計したものとなる。

$$X_h = \sum_{i=h+1}^{h+3} N_i C_{ih} \quad (h=0, \cdots, \infty) \tag{8-10}$$

投資財市場においては、各家計の h 期の総投資量に等しくなるように、投資財が供給されるものとする。第 h 期の総投資量は、（8-5）式で示される各家計のフローの貯蓄額を合計し、h 期に受け取った遺産に対する相続税を差し引いたものを、価格で割ったものとする。すなわち、

$$I_h = \frac{\sum_{i=h+1}^{h+3} N_{hi} \Delta S_{ih} - \tau H_h}{p_h} \quad (h=0, \cdots, \infty) \tag{8-11}$$

と示される。ここで I_h は h 期の総投資を意味している。分子において相続税額を差し引いているのは、**図8-1**において $t=0$ 期のフローの貯蓄額を縦に集計すると第1世代のフローの貯蓄額に相続税の支払い額が含まれることになるからである。さらに、（8-9）式で示された h 期の政府の税収 TR_h は、全て公共財の提供に使われるとすると政府需要は、

$$G_h = \frac{TR_h}{p_h} \quad (h=0, \cdots, \infty) \tag{8-12}$$

となる。したがって財市場の均衡条件は

$$Y_h = X_h + I_h + G_h \quad (h=0, \cdots, \infty) \tag{8-13}$$

となる。

以上の手続きにより消費財需要、投資財需要、公共財需要から構成される総需要と財の総供給量が得られることになる。本章のモデルの特徴は、このようにして求められた財市場の供給量より要素市場における派生需要を求め、均衡

価格の計算を労働市場と資本市場についてのみ取り扱うところにある。すなわち、労働市場と資本市場における派生需要は、それぞれ（8-7）（8-7）′式の生産量1単位当たりの要素需要関数に代表的企業の生産量Yを乗じることで求めることができる。この労働需要をLD、資本需要をKDとしよう。

次に、労働市場と資本市場における総労働供給と総資本供給を求めよう。総労働供給は、世代のうち在職期間の家計の労働供給に人口をかけて集計したものとなる。第h時点の総労働供給$\overline{LS_h}$は

$$\overline{LS_h} = \sum_{i=h+1}^{h+3} N_{ih} L_{ih} \quad (h=0, \cdots, \infty) \tag{8-14}$$

となる。この式は、第h時点においては第$h+1$世代から第$h+3$世代までの労働供給量に人口をかけて合計したものが、総労働供給となることを示している。

総資本供給は、各世代の前期の貯蓄残高から構成されるものとする。したがって、第h時点資本ストック$\overline{KS_h}$は

$$\overline{KS_h} = N_{h+1} S_{h+1,3} + N_{h+2} S_{h+2,2} + N_{h+3} S_{h+3,1} \quad (h=0, \cdots, \infty) \tag{8-15}$$

となる。この式は第h期の資本ストックは、第$h+1$世代から第$h+3$世代までの家計の前期の貯蓄残高に人口をかけたものとなることを示している。

以上の関係を考慮すると、労働市場と資本市場において以下の集計的超過需要関数が成立する。

$$\rho_k = KD - \overline{KS} \tag{8-16}$$

$$\rho_L = LD - \overline{LS} \tag{8-17}$$

となる。ただしρ_Lは労働市場の超過需要関数であり、ρ_Kは資本市場の超過需要関数である。煩雑化を避けるため時間に関する添字を省略しているが、この式は、全ての期間について成立する。各期の市場均衡はこの労働と資本の超過需要関数をいずれもゼロとするような労働価格wと資本価格rの組合せとし

て求められることになる。

(5) シミュレーションの方法

以下では、上記のモデルにもとづき、相続税のシミュレーション分析をおこなうための手順について説明しよう。

ステップ1 まず、第1世代の第3期時点を期間ゼロとおき、第1世代から第3世代までの、各世代の初期値を設定する。具体的には、各世代の前期末の貯蓄残高を与え、それを集計したものを期間ゼロにおける総資本供給とする。

ステップ2 労働価格 w と資本価格 r の初期値を与える。ここで資本価格 r は賃金価格を $w = 1$ に基準化したときの相対価格として与えられる。

ステップ3 w と r が与えられれば（8-7）（8-7）′式より生産1単位当たり労働と資本の要素需要関数が求まる。

ステップ4 生産1単位当たりの要素需要関数を（8-8）式に代入すれば、代表的産業での生産者価格が求まる。この生産者価格に消費税をかけたものが税込み消費財価格である。

ステップ5 各世代は、税込み消費財価格 q、労働価格 w、資本価格 r が与えられたことにより（8-3）式の定差方程式と（8-2）式の予算制約式より、各期の消費を決定する。消費額が決まれば、各期のフローの貯蓄額も計算できる。

ステップ6 当該期間における各世代の消費需要を図8-1において縦に集計したものが代表的企業の生産物に対する総需要となる。さらに、当該期間における各世代のフローの貯蓄額を集計したものが、投資額となる。さらに、所与の価格体系のもとで決定した消費や所得などから徴収された税収が政府需要額を決定する。これらの民間投資額、政府需要額を生産財価格で割ったものが投資量、政府需要量となる。

ステップ7 財市場の均衡条件より総需要量に等しくなるように総生産量が

決定される。

ステップ8　ステップ7で決められた総生産量を生産量1単位当たりの要素需要関数に乗じると労働需要 LD と資本需要 KD が計算できる。

ステップ9　各産業の労働需要と資本需要を合計し、総労働需要と総資本需要を求める。一方、固定的に供給される労働供給と資本供給を集計すれば総労働供給と総資本供給も計算できる。

ステップ10　ステップ9より、資本市場と労働市場の超過需要関数を求め、超過需要関数がゼロでない場合には、メリル・アルゴリズムにより w と r を変化させ、超過需要が収束条件を満たすまでステップ3からステップ9までの手順を反復させる。

ステップ11　超過需要が収束条件を満たし、当該期間の市場均衡が成立したならば、次の期へ進み、再びステップ3からステップ9までの反復計算をおこなう。

ステップ12　以上の手続きを移行過程から定常状態に至るまで、逐次的に反復計算をおこない全ての期間について市場均衡を求める。この毎期の均衡計算は、人口1人当たりの総消費量、総資本量、労働と資本の相対価格が一定となる時点まで行う。

このような手続きによって、所与の効用関数のパラメータ、生産関数のパラメータ、初期値としての貯蓄残高、税制パラメータが与えられれば、定常状態における消費、投資、資本などの均衡値が計算される。本章では、各世代の効用は消費にのみ依存しているので各期の総消費量は各期の総厚生を表現するものと解釈できる。1人当たり総消費が増加するならば厚生も改善されたものと考えられる。しかし、税制改革の分析をする場合には、単純に定常均衡における値を集計するだけでは不十分である。税制改革前後において、税制改革による利害得失を正しく評価するためには、実質税収を一定に保つ必要がある。減税型の税制改革において厚生が増大するの当然の帰結だからである。したがって、本章では税制改革前後において上記の手続きにおいて計算された1人当た

りの政府支出が定常状態において同じ値をとるように、消費税率を調整することにした。これにはまず、税制改革前の税制パラメータのもとで定常状態における1人当たり政府支出を上記の手続きを用いてあらかじめ計算しておく。次に、たとえば所得税が減税された場合の厚生の変化を見るケースでは、改革前の税制パラメータの組合せのもとで求めた1人当たりの政府支出を達成するような消費税率を反復計算によって求めればよい[1]。

第3節　分析結果

(1) 基準ケース

　まず、基準ケースにおいてどのような定常状態における均衡が達成されるかを示そう。本章は、効用関数のパラメータは、$\delta = 0.1$、$\gamma = 0.5$、$\beta = 0.3$とし、生産関数のパラメータは、$\varphi = 1$、$\alpha = 0.5$に設定した。人口成長率は、0.1%とした。また、税制パラメータの初期値は、所得税率t_yが0%、消費税率t_Cが5%、相続税率τが10%である。

　このような基準ケースにおいて定常状態に到達するまで反復計算をおこなったものが表8-1である。この表では、各期の1人当たりでみた消費、資本、政府支出が提示されている。これらの値は反復計算の初期においては大きく変動するが急速にその変動幅が小さくなり、全ての1人当たりの変数はそれぞれ一定の値に収束していくことがわかる。この表では、期間21以降は、1人当たりでみたそれぞれの変数が同じ値をとるようになり、いわゆる定常状態に到達していることがわかる。この定常状態における1人当たりの政府支出は、10.838となる。したがって、税制改革による厚生の変化をみる場合には、この基準ケースにおける1人当たりの政府支出を達成するよう新たな税制パラメータの組合せを求めて、基準ケースのもとでの厚生水準と比較すればよいわけである。

---

1) 具体的な計算プログラムは橋本（2001）に掲載されている。

表8-1　基準ケースにおける定常状態

期間	1人当たり総消費	1人当たり資本	1人当たり政府支出
0	57.884	49.357	8.269
1	78.489	79.013	10.066
2	76.178	76.247	10.594
3	78.875	80.242	10.726
4	78.413	79.770	10.789
5	78.749	80.304	10.813
6	78.787	80.274	10.829
7	78.783	80.334	10.821
8	78.792	80.309	10.828
9	78.789	80.346	10.825
10	78.796	80.353	10.830
11	78.806	80.378	10.830
12	78.802	80.387	10.831
13	78.822	80.408	10.834
14	78.825	80.378	10.834
15	78.824	80.383	10.831
16	78.822	80.380	10.831
17	78.823	80.402	10.832
18	78.825	80.413	10.834
19	78.822	80.433	10.835
20	78.869	80.464	10.840
21	78.879	80.466	10.838
22	78.879	80.466	10.838

(2) 相続税強化による影響

　基準ケースにおける政府支出の値が得られたので、相続税強化による厚生の変化を捉えることが可能になった。相続税率を引き上げた場合、**表8-1**における1人当たりの政府支出10.838を成立するような、消費税率を求めたところ2.4991％となった。この新たな税制パラメータの組合せと基準ケースのもとでの各期の総消費を比較したものが**図8-2**である。

　図8-2では、基準ケースと相続税増税のケースの各期の1人当たりの総消費水準を比較すると、改革直後から定常状態に至るまでの移行過程の全ての期間において、相続税を増税し、消費税率を引き下げた方がより高い消費水準を

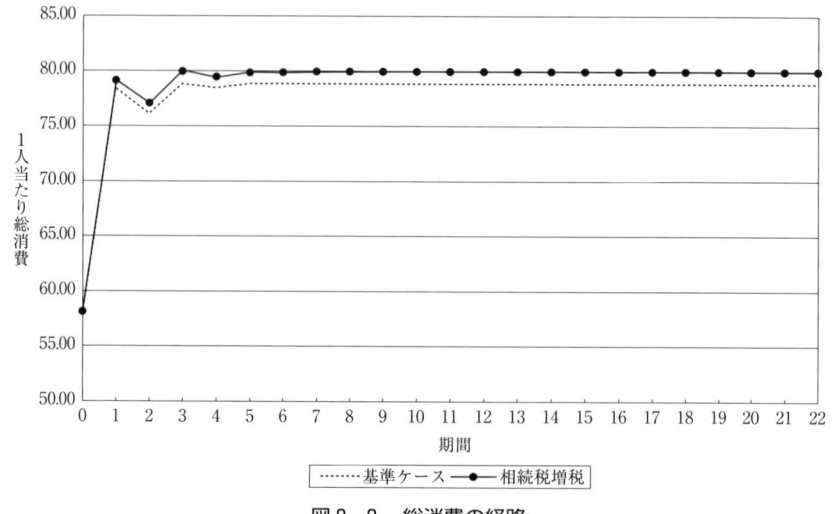

図8-2　総消費の経路

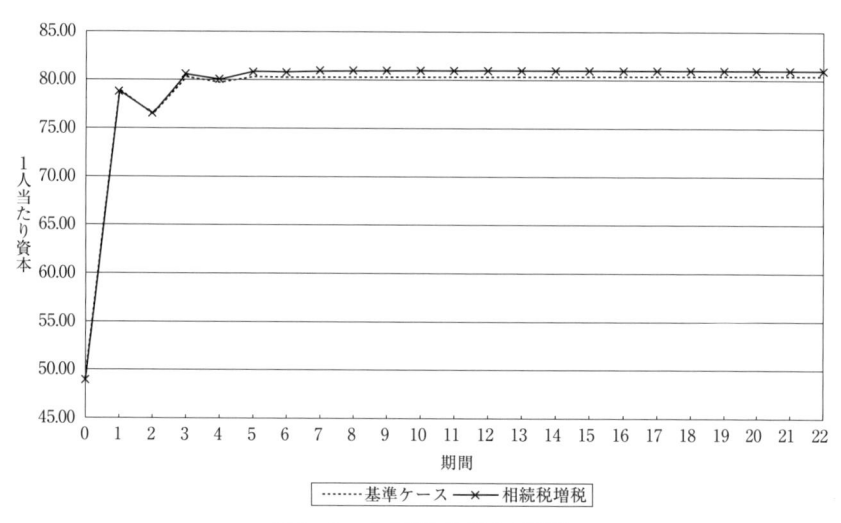

図8-3　1人当たり資本の経路

確保できることが示されている。したがって、資産課税としての相続税を強化することで、消費税の税率を抑制すれば社会的厚生は増大することになる。

近年の相続税の減税を主張する議論の一部には、相続税を減税すれば経済活

力を促進するという意見がみられる。そこで、基準ケースと相続税増税ケースにおける1人当たり資本を比較してみたものが**図8-3**である。図では、相続税を増税し消費税を減税する方が、移行過程においても、1人当たり資本の水準を高くしている。したがって相続税の減税は税収中立の制約のもとでは、資本蓄積に対してマイナスであることがわかる。本章のモデルにおいては、労働供給を外生的に固定しているが、仮に労働供給を内生化した場合には、相続の減税は、受け取り遺産額の増大が、労働供給の減少を招く可能性を発生させることになり、経済活力をそこなう可能性がより高まることになろう。

第4節　相続税改革の方向性について

　本章では、世代重複モデルを用いた相続税のシミュレーション分析を通じて、効率性の観点から相続税の強化が高齢化社会において、経済成長を阻害しない改革案として有力な可能性を秘めていることを示唆してきた。最後に、これらの分析をふまえたうえで今後の相続税改革の方向性について検討しよう。

　相続税については、一般に重いというイメージで語られることが多い。しかし、現実には、相続税が課税されるケースは稀である。**表8-2**は、相続税の課税状況の推移をまとめたものである。この表によると死亡件数を課税件数で割った比率（(B)／(A)）は、1987年の7.9%をピークに最近では減少傾向あり、2005年には4.2%まで落ち込んでいる。また、このわずかな課税件数のなかで、課税されているケースの負担率（＝相続税額（D）／合計課税価格（C））をみても、1991年の22.2%をピークとして近年低下し続け、2005年には、11.3%にまで低下している。

　この近年における課税件数の減少、相続税の負担率の減少は、抜本的税制改革以降の一連の相続税減税によってもたらされたものである。近年、相続税については課税最低限の大幅な引き上げと税率区分の引き上げによる相続税の減税が頻繁に繰り返されてきた。平成15年度改正では、それまで70%であった最高税率は50%まで引き下げられている。最高税率が適用される課税価格は、3億円超となっている。2008年現在の相続税の課税最低限は、夫婦子ども2人の

表8-2 相続税の課税状況の推移

	死亡件数(A)(人)	課税件数(B)(人)	合計課税価格(C)(億円)	相続税額(D)(億円)	(B)/(A)(%)	(D)/(C)(%)
1980年	722,801	26,797	30,215	4,399	3.7	14.6
1981年	720,262	31,549	38,281	5,427	4.4	14.2
1982年	711,883	35,922	44,729	6,330	5.0	14.2
1983年	740,038	39,534	50,021	7,153	5.3	14.3
1984年	740,247	43,012	54,287	7,769	5.8	14.3
1985年	752,283	48,111	62,463	9,261	6.4	14.8
1986年	750,620	51,847	67,637	10,443	6.9	15.4
1987年	751,172	59,008	82,509	14,343	7.9	17.4
1988年	793,014	36,468	96,380	15,629	4.6	16.2
1989年	788,594	41,655	117,686	23,930	5.3	20.3
1990年	820,305	48,287	141,058	29,527	5.9	20.9
1991年	829,797	56,554	178,417	39,651	6.8	22.2
1992年	856,643	54,449	188,201	34,099	6.4	18.1
1993年	878,532	52,877	167,545	27,768	6.0	16.6
1994年	875,933	45,335	145,454	21,058	5.2	14.5
1995年	922,139	50,729	152,998	21,730	5.5	14.2
1996年	896,211	48,476	140,774	19,376	5.4	13.8
1997年	913,402	48,605	138,635	19,339	5.3	13.9
1998年	936,484	49,526	132,468	16,826	5.3	12.7
1999年	982,031	50,731	132,699	16,876	5.2	12.7
2000年	961,653	48,463	123,409	15,213	5.0	12.3
2001年	970,331	46,012	117,035	14,771	4.7	12.6
2002年	982,379	44,370	106,397	12,863	4.5	12.1
2003年	1,014,951	44,438	103,582	11,263	4.4	10.9
2004年	1,028,602	43,488	98,618	10,651	4.2	10.8
2005年	1,083,796	45,152	101,953	11,567	4.2	11.3

出所：財務省『財政金融統計月報（租税特集）』、『国税庁統計年報書』各年版より作成。

4人世帯において夫が死亡した場合、基礎控除5,000万円に、法定相続人1人当たり1,000万円×3で3,000万円を合計すると8,000万にも達する。しかもわが国では、居住用財産については特例措置が適用されるため、実質的な課税最低限はさらに上になる。その200平方メートル以下の小規模宅地の課税の特例も、抜本的税制改革前には評価の減額割合が居住用で30％だったものが、2008年現在は、80％にまで引き上げられている。この特例措置は、あきらかに金融

表8-3　主要国における相続税の概要　　　　　　（2008年1月現在）

区分	日本	アメリカ	イギリス	ドイツ			フランス
課税方式	遺産取得課税方式（法定相続分課）	遺産課税方式	遺産課税方式	遺産取得課税方式			遺産取得課税方式
最低税率	10%	18%	40%	①7%	②12%	③17%	5%　（注）続柄の親疎により4種類の税率表がある。（最高税率60%）
最高税率	50%	45%		30%	40%	50%	40%
税率の刻み数	6	14	1	7			7
課税最低限（配偶者+子3人）	8,000万円	4億6,800万円	1億4,280万円	1億3,385万円			9,907万円
課税割合	4.2%	0.8%	5.4%	n.a			22.2%
負担割合	11.5%	20.3%	17.3%	18.4%			n.a
（参考）租税負担率	25.1%	25.6%	37.5%	28.0%			37.6%
うち相続税	0.4%	0.3%	0.3%	0.2%			0.6%

（備考）1．遺産課税方式は、人が死亡した場合にその遺産を対象として課税する制度であり、遺産取得課税方式は、人が相続によって取得した財産を対象として課税する制度である。
　　　　2．フランスでは、2007年8月の税制改正により、配偶者への課税の免除、基礎控除の拡大等を実施。
　　　　3．アメリカには基礎控除はなく、「課税最低限」は課税遺産額にして200万ドルまでのブラケットの税額の合計額を差し引く控除（tax credit）に基づく。これは、2001年ブッシュ減税による最高税率の引き下げと当該控除の拡大の段階的な実施によるものである。なお、2010年に遺産税は廃止されるが、サンセット条項により2011年に復活する。
　　　　4．ドイツの税率は、それぞれ①は配偶者及び子女等、②は兄弟姉妹等、③はその他の税率により、フランスの税率は、配偶者及び直系血族の税率によった。
　　　　5．課税最低限は、配偶者が遺産の2分の1、子3人が残りの資産を均等に取得した場合の額である。
　　　　6．フランスでは、夫婦の財産は原則として共有財産となり、配偶者の持分は相続の対象ではないが、比較便宜のため、遺産に含めている。また、ドイツでは、死亡配偶者の婚姻後における財産の増加分が生存配偶者のそれを上回る場合、生存者はその差額の2分の1相当額が非課税になる。（ここでは、配偶者相続分の2分の1としている）。
　　　　7．課税割合は、死亡者数に占める課税件数の割合であり、負担割合は、課税価格統計に占める納付税額の割合である。日本は2006年（暦年・速報値）、アメリカは2005年（暦年）、イギリスは2004年度（4月/3月）、ドイツは2002年（暦年）、フランスは2006年（暦年）の計数である。なお、フランス政府によると、上記改正により、2007年8月より課税割合は5%になる見込み。
　　　　8．邦貨換算レートは、1ドル=117円、1ポンド=238円、1ユーロ=163円（基準外国為替相場及び裁定外国為替相場：平成19年（2007年）6月から11月までの間における実勢相場の平均値）。
　　　　9．諸外国の課税割合、負担割合のデータは各国資料による。日本の租税負担率は2008年度予算（案）ベース、諸外国の租税負担率はOECD "Revenue Statistics1965-2006" 及び同 "National Accounts 1994-2005" による2005年の計数である。
出所：川上尚貴『図説日本の税制平成20年度版』財経詳報社、p.293引用。

資産と実物資産の間の税負担の不均衡をもたらし、税負担の不公平、資源配分のゆがみをもたらすものとなっている。

ただし、課税最低限については、わが国だけが突出して高いわけではない。**表8-3**は、主要国における相続税制を比較したものである。課税最低限がもっとも高いアメリカの課税最低限は、配偶者子ども3人で相続するケースにおいて、邦貨換算すると4億6,800万円にも達する。ただし、アメリカでは実物資産は時価評価され、日本のような特例措置が存在しないことに注意する必要がある。この表には、各国の最低税率と最高税率も掲載されている。日本の最高税率50%は、ドイツと並んでもっとも高くなっている。またこの表では、イギリスの相続税が40%の単一税を採用していることが目を引くところである。

さて、このような各国の相続税制、わが国の相続税の負担の現状をふまえたとき、今後の相続税はいかなる方向に改革すべきなのであろうか。本章のシミュレーション分析であきらかにされたように、相続税は効率性の阻害などの悪影響も少ない。相続税の基礎控除の引き下げとともに累進税率表をある程度緩和し、広く薄い課税を検討すべきである。平成15年度の税制改正では、相続税の最高税率は70%から50%へ引き下げられた[2]。一方、相続税の課税最低限は、据え置かれており、基礎控除が5,000万円、法定相続人1人につき1,000万円とあまりにも高い。相続税の課税最低限については、引き下げを検討すべきだ。一方、最高税率については、諸外国と同じ40%程度まで引き下げるべきである。最高税率引き下げには、資産家優遇という批判も予想されるが、あまりに重い相続税負担は、相続税逃れの節税脱税策や日本からの資産の流出を招くだけである。

[参考文献]

Auerbach, A.J. and L.J. Kotlikoff (1983) "National Savings, Economic Welfare, and the Structure of Taxation," in M. Feldstein ed., *Behavioral Simulation Methods in Tax Policy Analysis*, The University of Chicago Press.

---

2) ただし、50%の最高税率が適用される課税価格は4億円から3億円に引き下げられたため、累進税率表が緩和されたとは必ずしも言えない。

Ballard, C.L., D. Fullerton, J.B. Shoven and J. Whalley (1985), *A General Equilibrium Models for Tax Policy Evaluation*, The University of Chicago Press.
橋本恭之 (1997)「多部門多世代世代重複モデルによる税制改革の分析」『関西大学経済論集』第47巻, pp.727-752.
橋本恭之・上村敏之 (1996)「応用一般均衡分析の解説」『経済学論集（関西大学）』第45巻第3号, pp.227-243.
橋本恭之・上村敏之 (1997)「村山税制改革と消費税複数税率化の評価：一般均衡モデルによるシミュレーション分析」『日本経済研究』No.34, pp.35-60.
橋本恭之 (2001)「世代重複モデルによる相続税のシミュレーション分析」『総合税制研究』No.9, pp.119-144.
本間正明・跡田直澄・岩本康志・大竹文雄 (1987) 「年金：高齢化社会と年金制度」浜田宏一・黒田昌裕・堀内昭義編『日本経済のマクロ分析』東京大学出版会, 1987年.
Shoven, J.B. and J. Whalley (1992), *Applying General Equilibrium*, Cambridge University Press, (小平裕訳 (1993)『応用一般均衡分析：理論と実際』東洋経済新報社).
下野恵子 (1991)『資産格差の経済分析』名古屋大学出版会.

第9章　財政政策の有効性に関するシミュレーション分析

　本章では、政府の財政収支を考慮した形で世代重複モデルを構築し、シミュレーション分析をおこなうことで、ケインズ的な政策が有効か否かを検証する。本章のモデルは、第7章のモデルを58期間に拡張し、政府の財政収支を均衡財政からより現実的な公債発行を考慮した形に拡張したものである。ただし、生産部門については、多部門モデルから1部門モデルに簡略化している[1]。

第1節　はじめに

　不況期において、政府が積極的に財政出動すべきだという声は少なくない。いまケインズ的な赤字財政政策をおこなうことで、景気が回復し、その結果自然増収が期待できるのであろうか。財政政策の有効性については、これまでマクロ経済学における理論分析や中立命題の実証分析などがおこなわれてきた。しかし、経済成長のメカニズムを組み込んだシミュレーション分析を用いて財政政策の有効性を検証しようとしたものは存在しない。そこで、本章では、政府の財政収支を考慮した形で世代重複モデルを構築し、シミュレーション分析をおこなうことで、ケインズ的な政策が有効か否かを検証することにした。シミュレーションモデルを構築するに当たっては、特に政府の財政制度をできるだけ忠実に再現することに力を入れた。従来のマクロモデルでは、政府の財政制度はきわめて単純に取り扱われてきた。たとえば租税については、定額税ないし比例税が課税されていると想定されてきた。しかし、現実の所得税制度は

　1）公債発行を考慮しながら、多部門化した研究には、木村・橋本（2008）が存在する。

累進税率表を持つため、景気対策としての所得税減税をとりあげた場合に、その減税の中身が景気には異なる影響を持つことになる。また、今後の経済成長率のゆくえには、わが国の今後の人口成長率と人口構成の変化が大きな影響を与えることになる。これらの経済成長に影響を及ぼすと考えられる要素を取り込んだ形で世代重複型のライフサイクル一般均衡モデルを構築することにした。

本章では、租税分析のための多部門の応用一般均衡モデルとして有名な Ballard, Fullerton, Shoven and Whalley（1985）タイプのモデルを世代重複モデルに拡張した橋本（1998）をベースとして、公債発行をモデルに取り入れた木村・北浦・橋本（2004）のモデルを使用することにした[2]。従来のモデルが定常状態における市場均衡条件を利用して、まず定常状態における均衡解を求めるものであったのに対して、本章で用いたモデルの特徴は毎期ごとの市場均衡価格について不動点アルゴリズムを利用して計算し、消費や資本といった変数が人口1人当たりでみて一定となる定常状態に到達するまで、計算を繰り返すというものである。

本章で用いたモデルでは、市場均衡を逐次的に解いているために、移行過程の計算が容易であり、移行過程の途中でのさらなる制度変更も考慮できるというメリットがある。この特徴を生かして本章では、当初数年間は減税を先行し、数年後に財源調達のための増税をおこなうというシミュレーションを実行している。

本章の具体的な構成は以下の通りである。第2節では、本章で用いたシミュレーションモデルの概要について説明する。第3節では本章のシミュレーションで得られた結果について説明する。第4節では、本章で得られた結果を整理し、今後の課題について述べる。

第2節　シミュレーションモデルについて

この節では、本章で用いた、木村・北浦・橋本（2004）のシミュレーショ

---

[2] 本章でのシミュレーションに際しては、当時大阪大学大学院の北浦義朗氏（関西社会経済研究所研究員）、木村真氏（北海道大学公共政策大学院特任助教）の協力を仰いだ。

ン・モデルの概要について説明しておこう[3]。

(1) 家計

家計に関しては、重複する各世代が生涯の予算制約のもとで効用を最大化するように行動するものと想定した。

家計は世帯を単位として考え、世帯主がj年生まれのs歳の世帯数をN_s^jとする。各世代は23歳に労働市場に参入して59歳まで働き、60歳から引退生活をして80歳に死亡すると仮定する。すなわち1～37の37年間働き、38～58の21年間引退生活をすることになる。また、j年生まれ世代のs歳（$=t$年）でのライフサイクルを通じた効用最大化問題を以下のように特定化する。

$$\max U(C_s^j) = \sum_{i=s}^{58} (1+\delta)^{-(i-s)} \frac{C_s^{j1-\frac{1}{\gamma}}}{1-\frac{1}{\gamma}} \quad (9-1)$$

$$s.t. \ (1+\tau_t^c)C_s^j + S_s^j = \{1+(1-\tau_t^r)r_t\}S_{s-1}^j + (1-\tau_t^{ph})w_t L_s^j - T_{s,t}^{y,j} \quad 1 \leq s \leq 37 \quad (9-2)$$

$$(1+\tau_t^c)C_s^j + S_s^j = \{1+(1-\tau_t^r)r_t\}S_{s-1}^j + Z_s^j \quad 38 \leq s \leq 58 \quad (9-3)$$

ここで、Cは消費、Sは資産、Zは年金給付、Lは労働供給、wは賃金、rは利子率、T^yは労働所得税額、τ^{ph}は年金保険料率（本人負担分）、τ^rは利子所得税率、τ^cは消費税率及びその他の間接税率を、消費財をニュメレールとして表している。労働所得税額は、実際の税法にしたがって求めた。具体的には、給与収入から給与所得控除を差し引いて給与所得を計算し、各種人的控除と社会保険料控除を適用することで課税所得を求め、課税所得に累進税率表を適用して所得税額を求めた。さらにこの所得税額から景気対策として実施されている定率減税を適用して最終的な税額を計算した。なお、労働所得税額は、国税である所得税と地方税である個人住民税（所得割）の合計額とした。

年金給付Z_s^jは、基礎年金給付$KISO_t$と老齢厚生年金給付$KOSEI_s^j$の合計であ

---

[3] シミュレーションモデルにおける各種パラメータ、データセットの詳細については、木村・北浦・橋本（2004）を参照されたい。

る。したがって本章では、現行の公的年金制度のうち老齢厚生年金と同年金の受給者及びその配偶者に関する老齢基礎年金のみを対象とする。老齢基礎年金の支給開始年齢は65歳（$s=43$）からで、1人当たり満額で80万4,200円が支給される。なお世帯単位の家計なので、配偶者がいる場合は2人分を受給する。

一方、老齢厚生年金は60歳（$s=38$）から64歳（$s=42$）まで特別支給の制度があり、2001年度より支給開始年齢が段階的に引き上げられる。したがって、世代によって年金給付の支給開始年齢は異なっている。老齢厚生年金の給付額は次式で表される。

$$KOSEI_s^j = \theta^j \sum_{s=1}^{37} w_t L_s^j + TEIGAKU_s^j \qquad (9-4)$$

すなわち、標準報酬額（2003年より総報酬額）の生涯累計に生年月日に応じた給付乗率 θ^j を乗じて計算した報酬比例部分と、世代によってはこれに特別支給の定額部分 $TEIGAKU_s^j$ を足した合計が給付額となる[4]。

以上より、t 年度の総資産及び総労働供給量は、家計の世帯を集計して

$$KS_t = \sum_{s=1}^{58} S_s^{t-s+1} N_s^{t-s+1} \qquad (9-5)$$

$$LS_t = \sum_{s=1}^{38} L_s^{t-s+1} N_s^{t-s+1} \qquad (9-6)$$

となる。

(2) 企業

企業の生産技術は、次式のように一次同次のコブ・ダグラス型に特定化する。

$$Q_t = \varphi (LD_t)^\alpha (KD_t)^{1-\alpha} \qquad (9-7)$$

ここで Q は総生産量、LD は総労働需要量、KD は総民間資本需要量、φ は効率パラメータ、α は分配パラメータを表す。

企業は、労働に対し賃金と年金保険料（雇用主負担分）$\tau_t^{pf} w_t LD_t$ を、また資

4）支給開始年齢の引き上げ、給付乗率の詳細については『年金の手引き』を参照のこと。

本に対してレンタル料$r_t KD_t$と資本税（法人税）$\tau^k r_t KD_t$をそれぞれ支払うとする。資本減耗率をηとすると、企業の利潤最大化問題は次式のようになる。

$$\max \Pi_t = Q_t - (1+\tau_t^{pf})w_t LD_t - \{(1+\tau^k)r_t + \eta\}KD_t \tag{9-8}$$

(3) 政府

政府は国と地方をあわせた形で、年金会計部門と一般会計部門から構成される。

〈年金会計〉

年金会計は、厚生年金と基礎年金をあわせたものとする。年金給付は積立金の運用益、及び基礎年金国庫負担によってまかなわれるので、年金会計の予算制約は次式で表される。

$$F_{t+1} = (1+r_t)F_t + GS_t + P_t - AZ_t \tag{9-9}$$

$$P_t = (\tau_t^{ph} + \tau_t^{pf})w_t LS \tag{9-10}$$

$$AZ_t = \sum_{s=38}^{58} Z_s^{t-s+1} N_s^{t-s+1} \tag{9-11}$$

ここでF_tは積立金残高、GS_tは基礎年金国庫負担、P_tは保険料収入、AZ_tは年金給付総額を表す。基礎年金国庫負担は現行制度の3分の1の場合、$GS_t = 1/3 \sum_{s=43}^{58} KISO_t N_s^{t-s+1}$となる。

〈一般会計〉

一般会計部門は、政府最終消費支出と基礎年金国庫負担を税と公債発行でまかなうとする。

$$B_{t+1} = (1+r_t)B_t + G_t + GS_t - T_t \tag{9-12}$$

$$T_t = T_{y,t} + T_{c,t} + T_{r,t} + T_{k,t} \tag{9-13}$$

$$T_{y,t} = \sum_{s=1}^{37} T_{s,t}^{y,t-s+1} N_s^{t-s+1} \tag{9-14}$$

$$T_{c,t} = \tau_t^c \sum_{s=1}^{58} C_s^{t-s+1} N_s^{t-s+1} \tag{9-15}$$

$$T_{r,t} = \tau_t^r r_t KS_t \tag{9-16}$$

$$T_{kr,t} = \tau_t^k r_t KD_t \tag{9-17}$$

ここで B は公債残高、G は（公債費・年金国庫負担を除く）政府最終消費支出、T は歳入（T_y：労働所得税収、T_r：利子所得税収、T_c：消費税収、T_k：資本税収）を表す。

(4) 市場均衡

財市場、資本市場、労働市場の各市場均衡は次式で表される。なお総資産については、前年度末の残高が今年度の資本市場に供給される。

〈財市場〉

$$Q_t = \sum_{s=1}^{58} C_s^{t-s+1} N_s^{t-s+1} + \{KD_{t+1} - (1-\eta) KD_t\} + G_t \tag{9-18}$$

〈資本市場〉

$$KS_{t-1} + F_t = KD_t + B_t \tag{9-19}$$

〈労働市場〉

$$LD_t = LS_t \tag{9-20}$$

第3節　分析結果

この節では、本章で実施したシミュレーションの結果について説明しよう。まず、シミュレーションの具体的な想定は、以下の4ケースにまとめることが

できる。
- ケース０：現行制度維持
- ケース１：所得税減税による自然増収期待
- ケース２：所得税減税と歳出削減の組合せ
- ケース３：消費税増税による財政再建

　ケース０は、現行制度をこのまま維持したケースであり、基準ケースとした。ケース１は、所得税減税による自然増収により景気対策と財政再建が両立するかどうかを確認するために想定したものである。具体的な政策としては、2004年度から2006年度まで現在実施している所得税、住民税の定率減税の割合をそれぞれ10パーセントポイント引き上げ、約2.5兆円規模の追加的な減税をおこなうとした。2007年度からは、追加的な定率減税及び減税実施されている定率減税は廃止するものとした。ケース２は、先行減税と歳出削減をおこなうことで、経済が持続可能になるかどうかを確認するために想定したものである。具体的な政策としては、ケース１に加えて、2007年度から2020年度まで歳出を毎年２％ずつカットするとした。2021年度以降の歳出は、１人当たりで一定となるとした。ケース３は、増税による財政再建をおこなうケースである。具体的な政策としては、2007年度から消費税の税率を23％に引き上げるものとした。

　図９-１は、各ケースにおける公債残高の推移を描いたものである。この図では、ケース０の現行制度を維持した場合には、わずか約40年後には公債残高が3,000兆円を突破し、財政が破綻することがわかる。これに対して、ケース１から所得税減税により景気回復を図り、自然増収を発生させるような政策を実行した場合には、財政の破綻をわずかに遅らせることができるものの、やはり財政が破綻してしまうことになる。ケース２の減税だけでなく、歳出削減をおこなった場合には、財政破綻を約30年ほど遅らせることができるものの、やはり2070年頃には財政が破綻してしまう。今後100年間ほどの間の財政破綻を回避できる政策は、ケース３の消費税増税のケースのみである。

　図９-１は、ストックとしての公債残高の推移を示したものであった。この公債残高の動きは毎年のフローのプライマリーバランスの赤字の動きを累積し

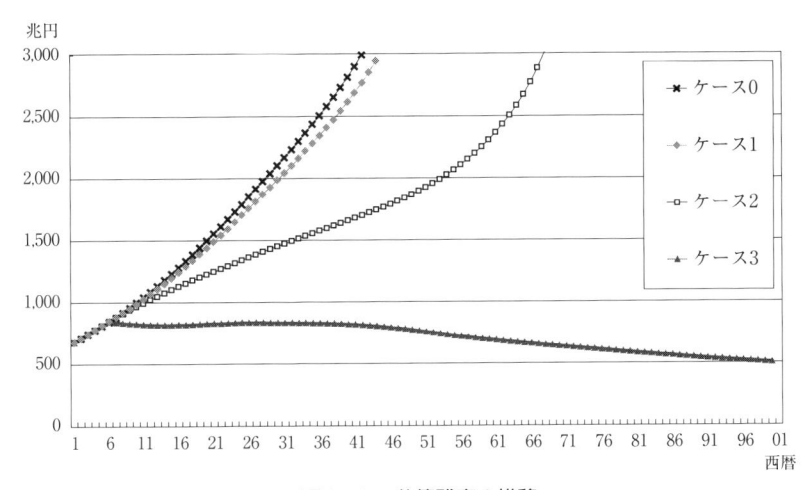

図9-1　公債残高の推移

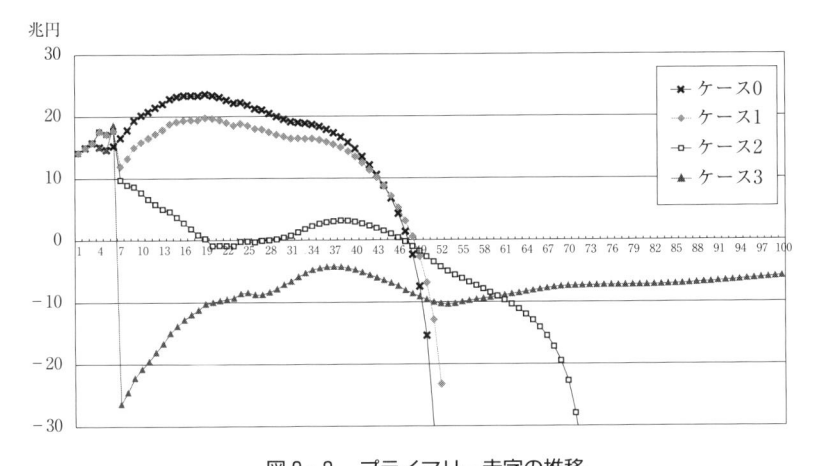

図9-2　プライマリー赤字の推移

たものである。そこで、フローのプライマリーバランスの推移についても確認しておこう。図9-2が、プライマリー赤字の推移を描いたものである。縦軸にはプライマリー赤字の金額を採ったため、プラスの数字がプライマリー赤字を、マイナスの数字がプライマリー黒字を意味していることに注意されたい。まず、ケース0の現行制度を維持した場合には、今後もプライマリー赤字は拡大していく。その後2020年頃から徐々にプライマリー赤字は減少し、2050年頃

にプライマリーバランスが黒字化している。これは、財政破綻の直前において、利子率が急上昇し、利子税収の増大がプライマリーバランスを一時的に黒字化したためである。しかし、それまでの公債残高の累増により一時的なプライマリーバランス黒字化では財政破綻は回避できないわけである。ケース1では、減税実施期間において、基準ケースよりもプライマリー赤字が拡大している。しかし、減税終了後からはプライマリー赤字が縮小することになる。しかし、その後はケース0と同様にプライマリー赤字は徐々に増加し、2000年頃をピークとして、徐々に低下していく。2050年頃には、ケース0と同様に、プライマリーバランスは黒字に転じる。これはケース0と同様に、財政破綻直前の利子率の急上昇がもたらしたものであり、やはり財政破綻を回避できないことになる。ケース2については、先行減税期間の動きは、ケース1と同じであるが、2007年以降について歳出削減が実施されるためにプライマリーバランスは徐々に改善され、2020年頃に一旦黒字化する。その後2030年頃から再びプライマリーバランスは悪化をはじめ、2040年頃にプライマリー赤字はピークに達する。その後プライマリーバランスは徐々に改善していき、2047年頃にプライマリーバランスは黒字に転化する。しかし、先ほどの**図9-1**をみるとわかるようにこの2050年以降のプライマリー黒字にも関わらず、公債残高は減少していない。プライマリーバランスは、公債の利払いを除いた収支であるために、公債残高が累増している場合には、プライマリーバランスが黒字化しても、公債残高は減少しないのである。したがってこの場合にも、財政破綻は回避できないことになる。消費税を増税するケース3では、2007年度から一気にプライマリーバランスが黒字化することになる。その後、プライマリーバランスの黒字の度合いは徐々に低下していくが、今後100年間はプライマリーバランスの黒字が維持されることになる。

　次に、各ケースのもとでのGNPの推移をまとめたものが**図9-3**である。現行制度を維持するケース0では、GNPは2007年以降徐々に低下し、2050年頃に急激に低下していく。このGNPの減少は、公債残高の急激な増加により、民間資本が減少し、生産力が減少することで説明される。財政の破綻と同じに経済も破綻してしまうのである。ケース1の減税による景気対策を実施した場

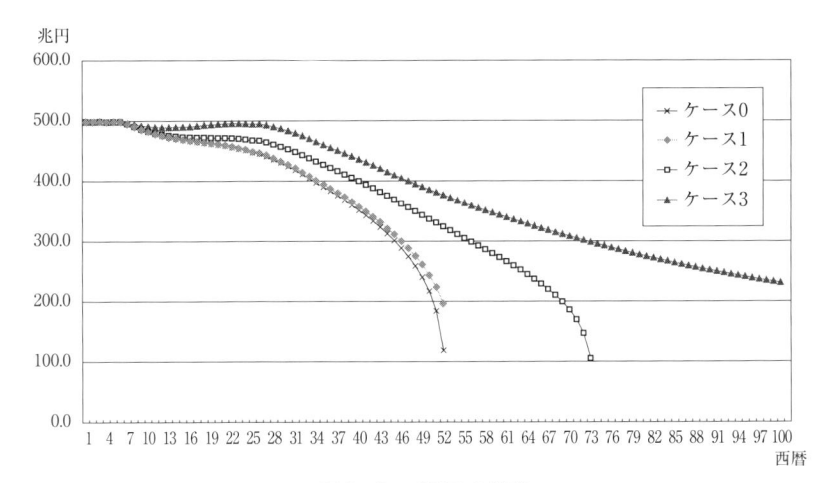

図9-3　GNPの推移

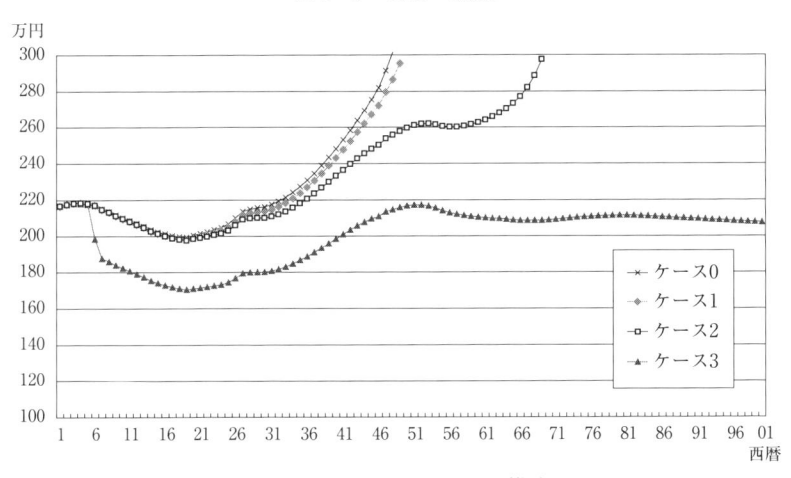

図9-4　1人当たり消費の推移

合も、経済の破綻をわずかに延ばせるにすぎない。ケース2の先行減税と歳出削減の組合せは経済の破綻を30年ほど延ばすことが可能であるうえに、GNPの水準も、ケース0、ケース1よりも高くなっている。消費税を増税するケース3では、今後100年間にわたって経済破綻を回避できるし、GNPの水準も他のケースよりも高くなっている。このケースでも今後GNPの水準の低下は避けられない。これは、今後、日本の人口が減少していくためである。

図9-3では、人口減少の影響を含んでいる。そこで、図9-4では1人当たりの消費の推移を描いている。消費は、社会的な厚生水準の代理変数として考えることもできる。1人当たりの消費水準でみると、現行制度を維持するケース0が最も高くなっている。特に2025年頃から、1人当たり消費が急激に上昇することがわかる。これは、公債残高の累増が利子率を上昇し、利子収入を増加させ、消費水準の増大を可能にしたことで説明できる。しかし、この消費水準の急激な上昇の結果、経済は破綻してしまうのである。ケース1でも経済破綻の時期が延期されるのみで、ほぼ同じ傾向がみられる。ケース2では、経済破綻を2070年頃まで延期できる。ただし、1人当たりの消費水準は、ケース0、ケース1よりも低下する。ケース3では、2007年の消費税率引き上げにより1人当たりの消費水準が大幅に低下する。その後2020年頃から1人当たりの消費水準は上昇し、2050年頃からはほぼ横ばいとなることがわかる。

　このように、短期的に見ると現行制度をそのまま維持したケースや、減税を実施した方が1人当たりの消費水準は高くなる。しかし、その場合には将来的な経済の破綻を生じてしまう。増税による財政再建のみが経済破綻を回避できるものの、1人当たりの消費水準の低下を受け入れざるを得ないことになる。

　以上のようなシミュレーション結果は、景気対策としての財政政策が各世代に深刻な利害対立をもたらすことを示唆するものである。図9-5は、すでに老年期にさしかかっている1940年生まれの世代について、基準ケースとしたケース0からの年齢別消費の変化率を描いたものである。この世代は、すでに退職しているために、所得税減税の恩恵を受けることはできない。このため、ケース1、ケース2は、消費をほとんど変化させない。ケース3の消費税増税がおこなわれた場合には、消費が大きく減少することになる。

　図9-6は、2001年時点で41歳である働き盛りの1960年生まれの世代について、消費の変化を描いたものである。所得税の減税を先行するケース1、ケース2では、減税先行期間において、消費が増大していることがわかる。減税終了後は両ケースとも消費は減少する。減少の度合いは、歳出削減を実施するケース2の方が大きい。消費税の増税をおこなうケース3は消費税引き上げと同時に、消費水準が大幅に減少する。その後は徐々に消費水準が低下していく

第9章 財政政策の有効性に関するシミュレーション分析

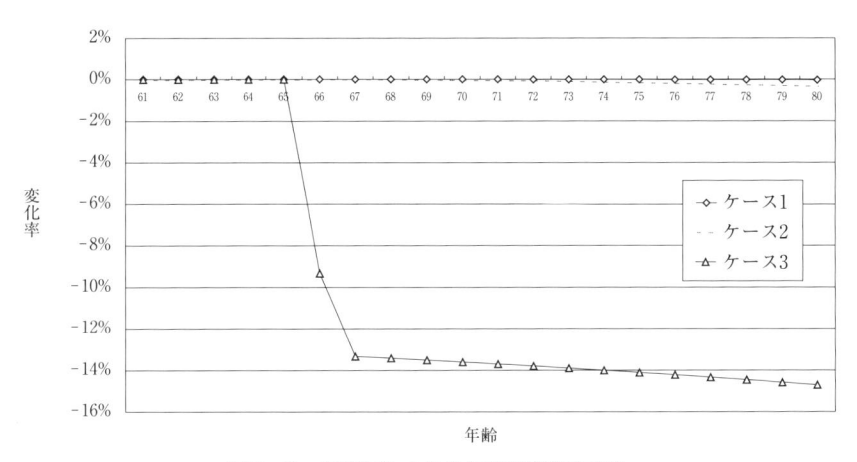

図9-5 1940年生まれの年齢別消費の変化

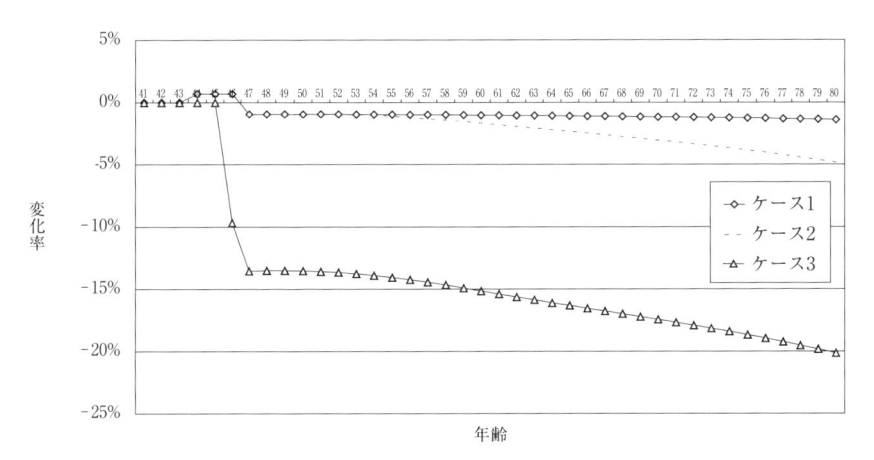

図9-6 1960年生まれの年齢別消費の変化

ことになる。

　図9-7は、2001年時点で21歳の青年期にいる世代の消費の変化をみたものである。この世代も、ケース1、2では減税先行期間による消費の増加を享受できるものの、減税期間終了後の消費は減少に転じる。さらに80歳時点においては、基準ケースに比べて消費水準が急激に減少してしまう。これは経済破綻の直前に利子率の上昇による利子収入増加により、これは基準ケース時点の消費が異常に増加することで説明できる。ケース3では、1960年生まれ世代と同

149

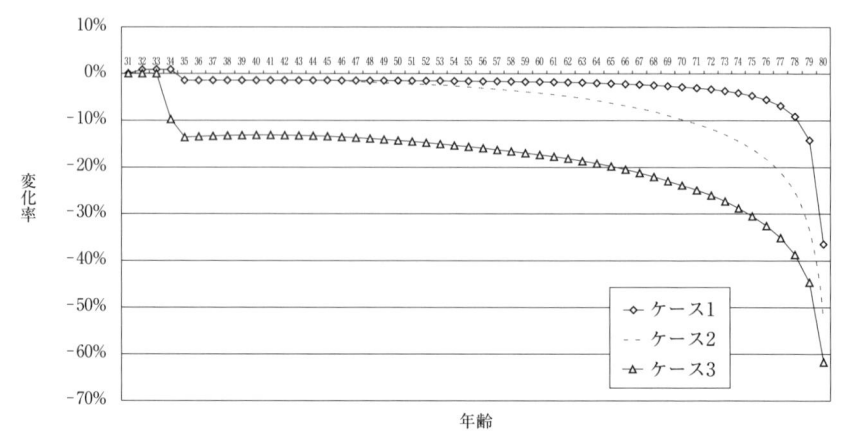

図 9-7　1980年生まれの年齢別消費の変化

様に、消費税の増税と同時に消費水準が大きく低下することになる。

第4節　むすび

　本章では、世代重複モデルによるシミュレーション分析を通じて、財政政策の有効性を検証してきた。本章でのシミュレーション結果は以下のようにまとめることができる。
　景気対策としての減税政策は、減税先行期間において1人当たりの消費を多少は引き上げることができる。しかし、現在のように巨額の公債残高を抱える状況においては、さらなる減税政策は経済破綻を近い将来に生じてしまうおそれがあることがわかった。また、先行減税と歳出削減の組合せも、日本経済の破綻を多少延期できるのにすぎない。経済の破綻を回避するためには、増税による財政再建が必要となる。ただし、増税による財政再建は、短期的には1人当たりの消費水準を低下させるという「痛み」を生じることになる。また、このような財政政策のパッケージは、各世代に深刻な利害対立を発生させることもわかった。すでに老年期にさしかかった世代にとっては、現行制度を維持するか、景気対策としての減税政策を実施した方が好ましい。しかし、減税政策による恩恵は、一時的なものにすぎない。

2007年のアメリカのサブプライム問題を契機とした金融危機の深刻化は、2008年のリーマン・ブラザーズ破綻を招き、実体経済にも多大な影響を与え、世界同時不況に突入した。大恐慌以来という形容詞で語られるこの景気後退のなかで、日本でも「定額給付金」に代表されるようなバラマキ的財政政策が表明された。しかし、本章のシミュレーションでも示されたように減税政策による消費拡大効果はあまり期待できない。財政破綻が懸念される状況においては、景気対策としての財源はより有効な方策に投入すべきだ。景気対策の効果としては、公共投資の方が貯蓄にまわる可能性が高い定額給付よりも大きいことはあきらかである。ただし、従来型の道路建設などの公共投資は将来のメンテナンス費用の増大を招くため、財政再建の妨げにもつながる。小中学校の耐震化工事など地方公共団体の財源不足のなかで見送られている公共投資や公用車として電気自動車を調達するなど将来につながる公共投資に集中的に資金を使う方が望ましい。景気が上向いた段階で、長期的な視野からは、将来にツケをまわさずに、全ての世代で痛みを分かち合うような、早期の財政再建のための増税をおこなうべきだろう。

[参考文献]

Auerbach, A. J., J. Gokhale, and L. J. Kotlikoff (1991), "Generational Accounts: A Meaningful Alternative to Deficit Accounting," in D. Bradford, ed., *Tax Policy and the Economy* 5 (Cambridge: MIT Press) pp.55-110.

Auerbach, A. J. and L. J. Kotlikoff (1983),"National Savings Economic Welfare, and the Structure of Taxation" in M. Feldstein ed., *Behavioral Simulation Methods in Tax Policy Analysis*, The University of Chicago Press.

Ballard. C.L., D. Fullerton, J. B. Shoven and J. Whalley (1985), *A General Equilibrium Models for Tax Policy Evaluation*, The University of Chicago Press.

Fukuda, S. and H. Teruyama (1994, "The Sustainability of Budget Deficits in Japan," *Hitotsubashi Journal of Economics*, 35, pp.109-119.

井堀利宏・加藤竜太・中野英夫・中里透・土居丈朗・佐藤正一 (2000)「財政赤字の経済分析:中長期的視点からの考察」『経済分析　政策研究の視点シリーズ』16号, pp.9-35.

浅子和美・福田慎一・照山博司・常木淳・久保克行・塚本隆・上野大・午来直之 (1993)「日本の財政運営と異時点間の資源配分」『経済分析』第131号, pp.1-64.

岩本康志（1990）「年金政策と遺産行動」『季刊社会保障研究』第25巻第4号，pp.388-411.
上村敏之（2002）「社会保障のライフサイクル一般均衡分析：モデル・手法・展望」『経済論集（東洋大学）』第28巻第1号，pp.15-36.
加藤久和（1997）「財政赤字の現状と政府債務の持続可能性」電力中央研究所報告Y97001.
加藤竜太（2000）「わが国の高齢化の進行と財政赤字」井堀・加藤・中野・土居・中里・佐藤編著『財政赤字の経済分析：中長期的視点からの考察』経済分析視点シリーズ16経済企画庁経済研究所第3章，pp.69-138.
木村真・北浦義朗・橋本恭之（2004）「日本経済の持続可能性と家計への影響」『大阪大学経済学』第54巻第2号，pp.122-133.
木村真・橋本恭之（2008）『多部門世代重複モデルによる財政再建の動学的応用一般均衡分析』RIETI Discussion Paper Series 08-J-041.
土居丈朗・中里透（1998）「国際と地方債の持続可能性－地方財政対策の政治経済学」『フィナンシャル・レビュー』第47号，pp.76-195.
橋本恭之・林宏昭・跡田直澄（1991）「人口高齢化と税・年金制度－コーホート・データによる制度改革の影響分析」『経済研究』第42巻，pp.330-340.
橋本恭之・上村敏之（1996）「応用一般均衡分析の解説」『経済論集（関西大学）』第45巻第3号，pp.227-243.
橋本恭之（1998）「多部門世代重複モデルによる税制改革の分析」『経済論集（関西大学）』第47巻第6号，pp.77-102.
橋本恭之（2004）「財政政策の有効性に関するシミュレーション分析」『関西大学経済論集』第54巻第3・4号合併号，pp.421-432.
本間正明・跡田直澄・岩本康志・大竹文雄（1987）「年金：高齢化社会と年金制度」浜田宏一・黒田昌裕・堀内昭義編『日本経済のマクロ分析』東京大学出版会第7章，pp.149-175.

補章　フォートラン・プログラミング入門

　本書のシミュレーション分析は、全てプログラム言語としてfortran90を使用している。フォートランは、科学技術用高級言語として古くから使用されてきたものであるが、少しずつ改良が加えられてきている。大型計算機の時代では、fortran77が主流だったがパソコンでの利用では、fortran90が主流となっている。この章では、数量的一般均衡モデルにおけるシミュレーションに欠かせないフォートラン・プログラミングの基礎について解説する。

第1節　フォートラン・プログラムの実行環境

　フォートラン・プログラム自体は、通常、テキストエディターを使用して記述することになる。日本語ワープロは、全角のスペースや制御コマンドが入ってしまうために使用することはできない。テキストエディターには、市販のソフトやフリーソフトを使用することができる。テキストエディターで作成した、「ソース」プログラムは、そのままでは動かないので、コンピュータで実行可能な形式にコンパイル（翻訳）する必要がある。フォートランのソースプログラムをコンパイルするコンパイラーは、複数の市販のソフトが入手できる。市販のソフトには、ソース・プログラムを記述するためのエディターとコンパイラーがセットになったものもある。なお、大型計算機を使用できるならば、フォートラン・コンパイラーは標準で装備されているので、エディターで記述したソースプログラムを用意するだけでよい。

第2節　フォートラン・プログラムの基礎

(1) 変数の定義

　フォートランの変数には、整数型変数、実数型変数がある。整数型変数は、配列変数の添字などに利用され、数値計算用には実数型変数が使用される。整数型変数には、IからNまでのアルファベットが通常使用される。これはフォートラン言語の当初の仕様の名残からきているものだが、C言語等でもこの慣習は引き継がれているため、できるだけ従った方が、わかりやすいプログラムとなる。実数型変数には、単精度、倍精度、4倍精度のものがある。単精度の変数を使用する場合には、REAL文で任意の変数を宣言しなければならない。たとえばshotokuという変数を宣言するには

　　　REAL　shotoku

とすればよい。倍精度の場合には

　　　DOUBLE PRECISION　shotoku

となる。一方、整数型変数を宣言するには、

　　　INTEGER I,J,AGE

のように記述する。ここでは、I、J、AGEという3つの整数型の変数を同時に定義している。

　次に、配列変数について説明しよう。フォートランでは、多次元の配列変数を使用することができる。たとえば2次元の配列変数を単精度実数型で使用するには

　　　REAL　変数名(配列の下限の数:上限,配列の下限の数：配列の上限の数)

とすればよい。たとえば3行、3列のXというマトリックスを使用するなら

REAL　X(1:3,1:3)

と記述する。

(2)　集計プログラム

　フォートランでは、合計を出すのにループ文を使用する。たとえば3＋10＋5を求めるなら

REAL X (1:3)　　　!X () という配列変数を実数型で宣言する。
REAL Total　　　　!合計をいれる Total という変数を実数型で宣言。
INTEGER　I　　　!整数型変数Iを宣言。
X(1)=3　　　　　　!変数にデータを代入。
X(2)=10　　　　　 !変数にデータを代入。
X(3)=5　　　　　　!変数にデータを代入。
Total=0　　　　　 !合計の変数としての Total をゼロクリアーする。
DO I=1,3
　　Total=Total + X(I)
　　write(*,*) I,Total,X(I)
END DO
STOP
END

で計算できる。Total=0は、変数を使用する前にゼロを代入している。この記述は上記のプログラム単独ならば省略しても結果は変わらないが、長いプログラムの途中ではすでに何らかの数値が代入されていることが多いため、変数を使用する前にはゼロクリアーしておくべきである。

　配列変数へのデータセットは、この方法だとデータ数が多くなるため、以下のように記述するのが一般的である。

REAL X (1:3)　　　!X () という配列変数を実数型で宣言。

```
REAL Total
INTEGER  I         !整数型変数Iを宣言。
DATA X /3,10,5/
Total=0                    !合計の変数としてのTotalをゼロクリアーする。
Do I=1,3
   Total=Total + X(I)
   write(*,*) I,Total,X(I)
END DO
STOP
END
```

(3) 判定文

　シミュレーション・プログラムを書くのにループ文以外に欠かせないのがIF文である。「もし××ならば、○○せよ。」という命令だ。たとえば、xの値がゼロになったら、ストップさせるプログラムを書くなら

```
       IF  (X.EQ.0)   STOP
```

とすればよい。.EQ.というコマンドは＝を意味している。＞は.GT.を、＜は.LT.という英語の省略形を使用する。

　実際のIF文の使い方としては、もし××ならば、○○と△△せよ、というように複数の計算が要求される場合の方が多い。その場合、IFとTHENとEND IFが役に立つ。以下のプログラムは課税所得が与えられた場合に 平成10年の税率表にもとづいて所得税額を計算するプログラムである。電卓で計算するなら課税所得が1,000万円なら330×0.1+(900-330)×0.2+(1,000-900)×0.3=177万円 と求めるが、フォートランだと以下のようになる。

```
REAL  TAXBASE,TAX,B(1:6),T(1:5),Total,MT
INTEGER I
TAXBASE=1000              !課税所得に1,000万円を代入
```

```
DATA B /0,330,900,1800,3000,1000000000/   !平成10年税制の税率表の刻み
DATA T /0.1,0.2,0.3,0.4,0.5/                !限界税率のデータ
Total=0
DO I=1,5
  IF ((B(I).LT.TAXBASE).AND.(TAXBASE.LE.B(I+1))) THEN
    TAX=Total+(TAXBASE-B(I))*T(I)
    MT=T(I)
  END IF
  Total=Total+(B(I+1)-B(I))*T(I)
END DO
WRITE(*,*) TAX,MT
STOP
END
```

このプログラムでは、

```
IF ((B(I).LT.TAXBASE).AND.(TAXBASE.LE.B(I+1))) THEN
  TAX=Total+(TAXBASE-B(I))*T(I)
  MT=T(I)
END IF
```

の部分に IF 文が使用されている。たとえば I が 1 のときこの命令は

もし　0＜課税ベース　かつ　課税ベース＜＝330　のときに

```
TAX=Total+(TAXBASE-B(I))*T(I)
MT=T(I)
```

を実行するが、課税ベースは1000でこの条件にあてはまらないので THEN と END IF に囲まれた 2 行の命令は無視される。同じく I が 2 のときも条件が満たされないので間にはさまれた命令は実行されない。課税ベースが1000であるので、I が 3 のときだけ条件が満たされる。つまり

157

もし　900＜課税ベース　かつ　課税ベース＜＝1000のとき
　　　　税額=147+(1000-900)*0.3
　　　　ＭＴ=0.3

が実行される。ここでＩが3になったときにはTotalという変数に147がセットされることになる。

(4)　サブルーチン

　フォートラン・プログラムでは、サブルーチン（副プログラム）を使用することで、プログラムをブロックごとに部品化して、汎用性を持たせることができる。以下では、所得税額を計算するプログラムでサブルーチンの使用方法をみていこう。

```
!平成9年税制プログラム
INTEGER E,S,B,K,C,I
PARAMETER(E=5,S=2,B=5,C=3,K=2)
real WB(6),WR(5),PB(3),PR(2),A(6),T(5)
real WAGE,INCOME,WAGEDE,PREMI,LKY,MEN,TAX,TBASE
real KISO,HAIGU,FUYOU,FMEN
DATA (WB(I),I=1,6) /0,180,360,660,1000,100000000/
DATA (WR(I),I=1,5) /0.4,0.3,0.2,0.1,0.05/
DATA (A(I),I=1,6) /0,330,900,1800,3000,1000000000/
DATA (T(I),I=1,5) /0.1,0.2,0.3,0.4,0.5/
DATA (PR(I),I=1,2) /0.07,0.02/
DATA (PB(I),I=1,3) /0,500,10000000/
wage=1000
men=4
TAX=0
WAGEDE=0
```

```
LKY=65
CALL RATE(E,WAGE,WAGEDE,WB,WR)
IF (WAGEDE.LT.LKY) WAGEDE=LKY
INCOME=WAGE-WAGEDE
IF (INCOME.LT.0) INCOME=0
KISO=38
HAIGU=38
FMEN=MEN-2
IF (FMEN.LT.0) FMEN=0
FUYOU = 38*FMEN
IF (MEN.LT.2) HAIGU = 0
IF (INCOME.LE.1000) HAIGU=HAIGU*2
CALL RATE(S,WAGE,PREMI,PB,PR)
IF (WAGE.GT.1000) PREMI=45
TBASE=INCOME-(KISO + HAIGU + PREMI + FUYOU)
CALL RATE(B,TBASE,TAX,A,T)
write(*,*) TAX
END

SUBROUTINE RATE (E, TBASE, ANS, B, R)
INTEGER E,I
real TT,B(1:E +1),TBASE,ANS,R(1:E)
TT = 0
DO I = 1,E
IF ((B(I).LT.TBASE).AND.(TBASE.LE.B(I + 1))) THEN
ANS = TT + (TBASE - B(I)) * R(I)
END IF
TT = TT + (B(I + 1) - B(I)) * R(I)
END DO
```

RETURN
END

　このプログラムでは、メインルーチン（主プログラム）からRATEという名前をつけたサブルーチンを呼び出して使用している。サブルーチンはCALL文を使って呼び出す。そのとき引数を使って変数の受け渡しをおこなう。たとえば

　　　CALL RATE(B,TBASE,TAX,A,T)

で

　　　SUBROUTINE RATE (E, TBASE, ANS, B, R)

に飛ぶ。ここでCALL RATE(B,TBASE,TAX,A,T)のBは、所得税の税率区分の数、つまり5段階、TBASEには課税所得が、TAXには所得税額が、Aには課税所得の区分を示す配列変数、0,330,900,1800,3000,1000000000が、Tには税率0.1,0.2,0.3,0.4,0.5が代入される。これらの変数はメインルーチンからCALLで呼び出されたサブルーチン（副プログラム）へ引き渡される。ここで注意して欲しいのはCALL文の中の引数とSUBROUTINE文の中の引数の名前が必ずしも一致していないことである。たとえばCALL文ではBだがSUBROUTINE文ではEとなっている。もちろん引数の名前は両者とも一致させても実行可能だ。しかし、必ず一致させる必要があるならば、このサブルーチンだけを部品として使った場合、メインプログラムとサブルーチンの間で変数名を統一させねばならない。これは非常に厄介な作業となる。そこでフォートランでは、引数は変数名で対応するのではなく、単に順番のみで対応させている。つまりCALL文の1番目の引数がSUBROUTINE文の1番目の引数に対応し、CALL文の2番目の引数がSUBROUTINE文の2番目の引数に対応することになる。

　専門用語で言えば、グローバル変数とローカル変数の使い分けが可能になっているわけだ。仮にサブルーチンのなかで、メインルーチンの中で使用してい

る変数名と同じものを使用しても、メインルーチンの計算には何ら影響は与えない。たとえば、

real　A,B,C
A=10
B=20
CALL　TASIZAN(A,B,C)
WRITE(*,*) A,B,C
END
SUBROUTINE　TASIZAN(E,F,G)
REAL E,F,G,C
G=E + F
C=100
RETURN
END

のプログラムだとサブルーチンの中でC=100としているがこれはメインルーチンでの計算結果の表示に何ら影響を与えない。仮に引数の変数名を同じに設定すると

real　A,B,C
A=10
B=20
CALL　TASIZAN(A,B,C)
WRITE(*,*) A,B,C
END
SUBROUTINE　TASIZAN(A,B,C)
REAL E,F,G,C
C=A + B
C=100

RETURN

END

だと、サブルーチンでの C=100 が意味を持ってくる。この引数の使い方によってサブルーチンは汎用性の高い部品になる。上記の所得税の計算プログラムの中では、RATE というサブルーチンが 3 カ所から呼び出されている。まず

   CALL RATE(E,WAGE,WAGEDE,WB,WR)

で呼び出される。これは給与所得控除を計算するためである。給与所得控除は年収1,000万円なら180×0.4+(360-180)×0.3+(660-360)×0.2+(1000-660)=220万円となる。次に

   CALL RATE(S,WAGE,PREMI,PB,PR)

において再び RATE というサブルーチンが呼び出されている。今度は社会保険料控除の計算に使用する。社会保険料は収入によって異なるが、財務省は課税最低限の国際比較などに使用するため便利な簡易計算方式を利用している。これはあくまでも近似値として使われるもので、実際の納税の際には使われるわけではない。財務省によると平成 9 年時点だと、社会保険料は500万円以下の年収の人は年収×7％、500万円を超える年収の人は500万円以下の部分は7％、500万円を超えた部分に2％をかけるとほぼあてはまりがよいとされている。最後に

   CALL RATE(B,TBASE,TAX,A,T)

において呼び出されている。今度は課税所得に対して所得税額を計算するのに使われている。つまり、この RATE というサブルーチンは、所得税の計算のように段階的に計算していくときに便利な部品になっていることがわかる。

(5) 収束計算

 コンピュータによるシミュレーションでもっとも便利なものが収束計算であ

る。収束計算とは、簡単にいうと解をみつけるのに、数式を解くのではなくて、全ての組合せを繰り返し計算するものである。消費者の効用最大化問題を収束計算で求めるプログラムをみてみよう。消費者の効用最大化問題として、

効用関数　　　　　　　　　U=XY
消費者の予算制約　　　　　　1000=100X + 100Y

が与えられているとしよう。ここで、XはX財の数量、YはY財の数量、それぞれの価格は100、予算は1000となっている。この問題を収束計算で求めるには、

```
     REAL X,Y,U,P1,P2,M,ST
     INTEGER I
     P1=100
     P2=100
     M=1000
     U=0
     ST=1
     X=1
10   Y=M/P2-(P1/P2)*X        !下のGOTO文との間で繰り返し計算がお
                             !こなわれる。
     U=X*Y                   !
     WRITE(*,*) X,Y,U        !
     X=X + ST                !Xの値をSTだけ増加させている。
     IF (X.GT.9) STOP        !この式でx＞9を超えたときに繰り返
                             !しを止めている。
     GOTO 10                 !10行目に戻るという命令である。
     STOP
     END
```

とすればよい。このプログラムを実行すると

1.000000 9.000000 9.000000
2.000000 8.000000 16.000000
3.000000 7.000000 21.000000
4.000000 6.000000 24.000000
5.000000 5.000000 25.000000
6.000000 4.000000 24.000000
7.000000 3.000000 21.000000
8.000000 2.000000 16.000000
9.000000 1.000000 9.000000

となる。3列目の数字が効用の値である。X財とY財をそれぞれ5個ずつ購入すると、効用の値は25となり、最大値になる。しかし、このプログラムでは計算結果を全て表示しないと答えがわからないので、

```
      DOUBLE PRECISION X,Y,U,P1,P2,M,ST,UMAX
      INTEGER I
5     FORMAT(F8.4,F8.4,F8.4,F8.4,F8.4)
      P1=100
      P2=100
      M=1000
      UMAX=-1E +10
      U=0
      ST=1
      X=1
10    Y=M/P2-(P1/P2)*X
      U=X*Y
      IF (U.GT.UMAX) UMAX=U           !ここがポイントである。
      WRITE(*,5) X,Y,U,UMAX,ST
      IF (U.LT.UMAX) THEN             !
         X=X-ST                       !
```

```
            ST=ST/10                    !  ┐
            IF (ST.LT.0.00001) STOP     !  │
            X=X + ST                    !  ├ 収束計算の手順。
            GOTO 10                     !  ┘
        END IF
        X=X + ST
        IF (X.GT.10) STOP
        GOTO 10
        STOP
        END
```

と修正する。このプログラムを実行すると

1.0000 9.0000 9.0000 9.0000 1.0000
2.0000 8.0000 16.0000 16.0000 1.0000
3.0000 7.0000 21.0000 21.0000 1.0000
4.0000 6.0000 24.0000 24.0000 1.0000
5.0000 5.0000 25.0000 25.0000 1.0000
6.0000 4.0000 24.0000 25.0000 1.0000
5.1000 4.9000 24.9900 25.0000 0.1000
5.0100 4.9900 24.9999 25.0000 0.0100
5.0010 4.9990 25.0000 25.0000 0.0010
5.0001 4.9999 25.0000 25.0000 0.0001
5.0000 5.0000 25.0000 25.0000 0.0000

となる。

(6) データの入力

　実際にシミュレーションプログラムを作成するにはデータの入出力が必要となる。上記のプログラムでは、配列変数にデータをセットするときにDATA

文を使用している。大量のデータをセットする場合は、外部ファイルとしてテキスト形式のデータを用意しておいて、読み込ませる方が便利である。フォートランで読み込み可能な形式のテキストファイルを表計算ソフトで作成するには、数字だけで構成されているテキスト形式で保存する必要がある。数字だけのファイルは、表計算ソフトで、［ファイル］→［名前を付けて保存］を選択し、ファイルの種類の入力欄右の下向きの矢印部分をマウスでクリックして、テキスト（タブ区切り）.txt を選択する。CSV（カンマ区切り）.csv も使用できる。ここでは wage.txt という名前のデータファイルを読み込み、プログラムを例示する。データファイルは、フォートランのプログラムと同じディレクトリに保存しておく。

REAL WAGE(1:38)　　!wage という配列変数に38個のデータをセットすることを宣言。
INTEGER I,OS　　!整数型の変数として I と OS を使用することを宣言。
OPEN(UNIT=1,IOSTAT=OS,FILE='wage.txt',STATUS='OLD')
READ(1,*)(wage(I),I=1,38)　!装置番号1番のデータを読み込み
close(unit=1)
DO I=1,38
WRITE(*,*) I,WAGE(I)
END DO
STOP
END

このプログラムにおいて気をつけることは使用する変数の宣言を忘れないことである。まず、読み込んだデータをフォートランで使用するために配列変数を宣言する。ここでは REAL WAGE(1:38) において WAGE という名前の配列変数を添字1から38までを実数型の変数として使用することを宣言している。忘れやすいのは次の宣言文

　　　　INTEGER I,OS

の部分である。これは整数型の変数としてIとOSを使用するという宣言文である。Iという変数は、配列変数の添字を意味する変数として使用する。配列変数の添字は整数型で宣言する。コンピュータの数値計算においては、整数の方が計算スピードが速く、メモリ（記憶容量）も消費しないからである。次のOSという変数は、外部ファイルを読み込むときに使用する命令文であるOPEN文のなかで使用する。

仮に読み込みたいファイルが複数あった場合には

OPEN(UNIT=1,IOSTAT=OS,FILE='wage.txt',STATUS='OLD')
OPEN(UNIT=2,IOSTAT=OS,FILE='wage2.txt',STATUS='OLD')

と、UNITの数を変えて複数記述する。読み込みが終了したら、UNITをクローズする。すなわち、外部ファイル読み込みのために確保した領域を解放しなければならない。たとえば

DO I=1,5
CLOSE (UNIT=I)
END DO

を記述すれば5個のUNITをまとめてクローズできる。STATUS='OLD'の部分はすでに作成済みのファイルの読み込みをおこなうことを意味している。データの読み込みは

　　　READ(1,*) (wage(I),I=1,38)

の部分である。仮にUNIT=2のファイルを読み込むときは、READ(2,*)とする。この

　　　(wage(I),I=1,38)

の部分は（ ）でくくるだけでDO文を使わずにループ（繰り返し）を実現している。ループ文を使用して

```
DO I=1,38
READ(1,*) wage(I)
END DO
```

と記述してもかまわない。

```
DO I=1,38
WRITE(*,*) I,WAGE(I)
END DO
```

の部分は外部ファイルとして読み込んだファイルを画面に表示させているだけである。

(7) データの出力

　フォートランプログラムで計算した計算結果は、テキスト形式で出力すれば、表計算ソフトに取り込むこともできる。

```
REAL WAGE(23:60),tax(23:60)
INTEGER I,OS
OPEN(UNIT=1,IOSTAT=OS,FILE='wage.txt',STATUS='OLD')
READ(1,*) (wage(I),I=23,60)
CLOSE (UNIT=1)
DO I=23,60
tax(I)=0.1*WAGE(I)
END DO
OPEN(UNIT=2,IOSTAT=OS,FILE='tax.csv',STATUS='new')
do i=23,60
write(2,*) I,',',tax(i)
end do
CLOSE (UNIT=2)
STOP
```

END

　このプログラムでは、23歳から60歳までの給与収入に税率10％の比例税を課したときの税額を計算して、計算結果をファイルに出力できる。

DO I=23,60
tax(I)=0.1*WAGE(I)
END DO

の部分が給与収入に10％の比例税をかけて、税額を tax という変数に代入しているところである。この tax というデータをファイルに出力するには、あらかじめファイル出力の宣言が必要となる。

　　　OPEN(UNIT=2,IOSTAT=OS,FILE='tax.csv',STATUS='new')

では、tax.csv という名前のテキスト形式のファイルを出力することを宣言している。これは、テキスト形式のファイルを読み込む場合の宣言と似ているが、STATUS='new'のところが違う。読み込みのときは、STATUS='old'となる。つまり古い既存のファイルでなく、新しい新規のファイルを宣言しているわけだ。ファイル名の拡張子には、.csv を使用している。.csv という拡張子は、カンマで区切られたテキスト形式のデータを意味している。カンマで区切ったテキストデータは、表計算ソフトで簡単に読み込むことができる。

do i=23,60
write(2,*) I,',',tax(i)
end do

が実際に、カンマで区切られたデータを書き出しているところである。','を使ってカンマをデータ I と tax(i) の間に挿入している。

169

第3節　インターネットの活用

　本書の各章で使用したシミュレーション・プログラムのほとんどは、筆者のホームページ「財政学の館 http://www2.ipcku.kansai-u.ac.jp/~hkyoji/index.htm のダウンロードコーナー http://www2.ipcku.kansai-u.ac.jp/~hkyoji/kenkyu/download.htm において公開されている。そこでは、応用一般均衡モデルのプログラム以外にも、租税関数のサブルーチンを公開している。この章では、フォートランプログラムの基礎について解説しているが、より高度な経済分析のためのフォートランプログラムの解説をしているサイトには、関西学院大学経済学部の上村敏之准教授による「上村敏之の研究室」http://www8.plala.or.jp/uemura/ の「公共経済のシミュレーション分析」のコーナーが存在する。

著者紹介

橋本　恭之（はしもと　きょうじ）

1960年　　兵庫県宝塚市にて生まれる。
1983年　　関西大学経済学部卒業。
1985年　　関西大学大学院経済学研究科博士課程前期課程修了。
1989年　　大阪大学大学院経済学研究科博士課程後期課程単位取得後退学。
1989年　　桃山学院大学経済学部助教授。
1995年　　関西大学経済学部助教授。
現在　関西大学経済学部教授。
　　　博士（経済学）大阪大学。

〈主著〉
『税制改革の応用一般均衡分析』関西大学出版部、1998年
『税制改革シミュレーション入門』税務経理協会、2001年

日本財政の応用一般均衡分析
<small>に ほんざいせい　おうよういっぱんきんこうぶんせき</small>

平成21年3月31日　発行

定価はカバーに
表示してあります

著　者	橋　本　恭　之

<small>はし　もと　きょう　じ</small>

発行者	小　泉　定　裕

発行所　　株式会社 清 文 社

http://www.skattsei.co.jp/

大阪市北区天神橋2丁目北2-6（大和南森町ビル）
〒530-0041 ☎06(6135)4050 Fax06(6135)4059
東京都千代田区神田司町2-8-4（吹田屋ビル）
〒101-0048 ☎03(5289)9931 Fax03(5289)9917

印刷・製本　亜細亜印刷㈱

■著作権法により無断複写複製は禁止されています。
■落丁・乱丁本はお取替えいたします。

ⓒKyoji Hashimoto 2009 Printed in Japan

ISBN978-4-433-32688-3